“好き”を仕事にできる人の本当の考え方

岡崎かつひろ

きずな出版

「やりたいこと」「好きなこと」が
見つからない

自分がなにを目指すべきなのか
わからない

今のままの生き方でいいのか、
悩んでいる

そんなあなたのために、
この本を書きました。

はじめに

無難な生き方から、そろそろ卒業しよう

「好きなことを仕事にしよう！」

いつからこうしたバカげた理屈が蔓延《まんえん》するようになったのでしょうか。

「楽しく生きよう！」「好きな人とだけ付き合おう！」「やりたくないことはやらなくていい！」「働きアリより、キリギリスになろう！」

こうした耳触りのよいアドバイスを聞くと、ついつい同意して、好きなこと、楽しいことを最優先にする自分を認めてしまいそうになります。

でも、**「好きなこと」「楽しいこと」に目を向けているだけで、あなたは本当に満足できる一生を送れるのでしょうか？**

結論から言えば、現在の私は好きなことをして、人生を謳歌《おうか》しています。しか

しそれは、あくまで「結論から言えば」です。

私は飲食店など5つの店舗を経営した経験があり、自著を何冊か出していて、講演会の累積動員人数は10万人を超え、企業研修や個別のコンサルティングをしています。確かにどの仕事も好きでしたし、楽しかったです。でも、**社会人になった当初から「やりたいこと」ばかりできていたわけではありません。**

たとえば新卒で入った会社の1年目。「人に会わなくていい」という理由だけで選んだのが、コールセンターの仕事でした。おもしろさなんて一切ありません。しかし、「仕事だから」と一生懸命やりました。その結果、センターのKPI(評価指標)の作成や、センターそのものの立ち上げなど、おもしろい仕事をさせてもらうことができました。

起業1年目も、「やりたいこと」をやったわけではありません。

馴染《なじ》みのなかった通販の仕事からスタートしたのですが、これもやりたい仕事だったわけではありませんでした。

しかし、「起業できるなら」という想いだけで一生懸命やった結果、とてもおもしろくなり、約2年で月収100万円を稼げるようになりました。

飲食の仕事も、どうしても飲食店を経営したいと思っていたわけではありません。でも、これもやっているうちにおもしろくなり、気がつけば繁盛《はんじょう》店となりました。2店舗目のダイニングバー「SHINBASHI」は、ネットのレビューサイトで高評価がつき、毎日行列ができる人気店になりました。

私のこれまでを振り返ると、共通しているのは、

「どの仕事も、はじめから好きだったわけではない」

ということです。むしろ、好きではないことほど一生懸命やって、どうやったら好きになれるか工夫をし、気がついたら結果が出ていました。

ラクして簡単に、結果がほしい。努力は嫌い、でも成功は好き。

多くの人は、そんな宝くじみたいな人生を望みます。そういう考え方をしているから、大した結果が手に入らないのです。

この書籍では、読者に対する一切の迎合《げいごう》を捨てています。読者が気持ちよくなるウソを書く気もなければ、批判を避けるための詭弁《きべん》を使う気もありません。むしろ、目を背けたい、直面したくない事実を突きつける一冊になっています。

正しいことをハッキリ「正しい」と言うために書いた本です。

本書はきずな出版の小寺編集長から「昨今の自己啓発本のアンチテーゼになるような本をつくりましょう」とご提案いただいたことからスタートしました。

私はその言葉を聞いた瞬間から、「これは、おもしろいことになるぞ！」と感じました。本当のことを正直に言えるからです。

アンチテーゼとは、みんなが正しいと思っていることに真正面から疑問をぶつけること。場合によっては否定をすること。

迎合せずに、相手の顔色をうかがわずに、ときには苦しい思いをしながら、でも、ハッキリと「違う！」と伝えていく。

それがアンチテーゼ。私はそういうふうに理解しています。
だからこの本では、最初から正直に書きたい。

「みんなが正しいことが正しい」と思うなんて、そんなバカげたことは今すぐやめなさい！

これが、私が本書で伝えたいメッセージです。
私は今年で41歳を迎えますが、当然、最初からそんなふうに思っていたわけではありません。むしろ全員に嫌われずに、できれば好かれながら、無難《ぶなん》に、波風を立てずに生きていきたいと思ったときもあります。
しかし、今、あえてあなたに質問します。

無難な生き方をしていて、おもしろいですか？

人生は無難に、だれでもできることをこなすために、あるわけではありません。
人生は、自分にしか成しえない生き方をするためにあるのです。

世の中の当たり前に、疑問を持とう。

世の中の当たり前に流されるのは、今すぐやめよう。

普通であることを誇っているのは、ダサいぞ!


自分にしかできない、自分にしか成しえないことを成す人生を送るために自分は生きている。そう思える人がこの本を読んでくれたらいいと思っています。

もちろん、尖《とが》って生きることだけがすべてではありません。無難に生きていく世界にだって、幸せはあると思います。

しかし、本当は成し遂げたいことがあるのに、それから逃げている自分の生き方を批判したくなるときはあるはず。

本書は、自分の生き方に疑問を持ったときに読んでほしい一冊です。

もしここまで読んで、どこか一部でもあなたの琴線《きんせん》に触れるところがあったなら、必ずや本書はあなたの役に立つはずです。

さぁ、本当の生き方について考えましょう!

第1章

「好き」を仕事にするのはやめなさい

第4章

他人と比較するのはやめなさい

第5章

セルフブランディングなんてやめなさい

ブックデザイン：池上幸一

「好き」を仕事にするのはやめなさい

第1章

- ▷ 自分の仕事が最初から好きな人は滅多にいない
- ▷ あなたの「好きなこと」はレベルが低い
- ▷ 目の前の仕事に集中しろ
- ▷ 「得意を仕事にしたい」は思い上がり
- ▷ 仕事は給料や福利厚生より「職能」で選びなさい
- ▷ 辞める前提でやっている仕事に価値はない
- ▷ いつでも辞められる覚悟を持て

自分の仕事が最初から好きな人は滅多にいない

書店に並ぶ書籍の多くに、「好きを仕事にしよう」「好きなことだけやって生きる」「好きなことをして人生が豊かになる」というメッセージが踊るようになったのは、いつごろからでしょうか。

本当に、好きを仕事にすれば成功できるのでしょうか。

ここで質問ですが、あなたが子どものときに好きだったものはなんですか？ゲームでしょうか、スポーツでしょうか、勉強でしょうか……。

今の子どもたちのなりたい職業の上位には、ユーチューバーがあります。

でも、ユーチューバーは、じつはかなり大変な仕事です。動画のなかでは楽しそうにしているけれど、その動画をつくるまでにどんな苦労があるのか、そこまでわかっている人はどれだけいるのでしょうか。

私もユーチューブチャンネルをつくりましたが、企画、撮影、編集、編集後のチェックの大変さに驚きました。

とくに映像編集の大変さと言ったらありません。

長尺（長めの動画）の編集の場合、動画をPCに取り込むだけで数十分かかります。動画の編集を始めると、PCはしょっちゅう止まる。発言内容を文字に起こしてテロップにするのは、ものすごく手間がかかる作業です。

ユーチューバーたちが好きなこと「だけ」して生きているなんて思っているなら、大間違いです。

こんな大変な作業までやりたい人なんてそういません。

「やらなきゃいけない」となると好きなことも苦痛になる

「子どもの夢なんだから、そこまで考えなくてもいいじゃないか」

たしかに、私もそう思います。

でも、じつは大人でも子どものように考えている人は少なくないのではないでしょうか。

大人が夢を目指すときは、夢を叶えるためのプロセスまで真正面から受け止めないといけない。私はそう思います。

たとえば、私はけっこうゲームが好きなのですが、あるとき、ゲームのテストプレイをする仕事をやったことがあります。

「おお！　ゲームをプレイするのが仕事になるって素敵じゃん♪」

そう思えたのは最初だけ。

やってみたら、なにしろめんどくさいのです。自分がやりたいかやりたくないかなんて関係なしに、テストプレイするゲームは割り振られてきます。さらに、プレイ時間まで決まっています。

やりたくてやっているゲームはおもしろいけれど、「やらなければならないゲーム」ほど、つまらないものはありません。

好き　＝　want to
仕事　＝　have to

「want to」の世界にあるものは楽しいけれど、「have to」の世界にあるものはつまらない。そんなの当たり前です。

「好きなことをやっていれば幸せに生きていける」なんて幻想を真に受けていると痛い目を見るだけです。だめですよ、そんなウソついちゃ。

がんばってきたご褒美《ほうび》で好きなものが与えられる。だから、うれしいのです。

どんな仕事も最初はつまらないのが当たり前

え？「それでも好きなことを仕事にしている人がいるんじゃないか」って？

たしかに、世の中には最初から好きなことをやって、それを好きなまま仕事にしている人もいることでしょう。

でもそういう人って、おそらく20歳になる前に好きなものに出会って、それに没頭できるようになって、仲間を見つけて、周りから評価されて、夢を叶えちゃっている……そんな超レアな、幸運な人たちです。それこそ、宝くじに当選した人みたいなもの。普通はそんな人はなかなかいません。

ほとんどの場合、最初から仕事が好きなことはまずありません。

最初は好きでもないけれど、やっているうちに結果を出せて、好きになっていく――というケースが圧倒的に多いでしょう。私も今でこそ楽しく本を書かせてもらっていますが、最初のころは執筆が苦痛でしょうがなかったですから。

どんな仕事だって、できないうちはつまらないのです。でも、できるようになったら楽しくなるのです。

好きを仕事にできる人は、「できなくてつまらない時期」を乗り越えた人。

好きを仕事にしたいなら、まずはできるようになるまでがんばってみる。

それが大事なのです。

POINT

「どんな仕事も最初はつまらないもの」と知っておく

あなたの「好きなこと」はレベルが低い

私はかつて、とある経営者の方に「好きなことだけやって生きていきたいんです！」というようなことを言ったことがあります。

すると、その方からは「動物と一緒だね」と一蹴《いっしゅう》されました。

もしもあなたが、当時の私と同じように「好きなことだけやって生きていきたい」と考えているなら、ここで一度、「好きなこと」の内容について掘り下げて考えてみましょう。

あなたが好きなこと、その正体は一体なんなのか？

いろいろな答えがあると思いますが、食う、寝る、遊ぶ、セックスする……だいたい人間の欲求なんてそんなものです。たいがいの人が「好きなこと」は、こんなレベルです。

冒頭の経営者の方が言いたかったのは、

「人間であるなら、もう少し上の次元の『好きなこと』を目指そうよ」

ということ。「人の役に立ちたい」「成長したい」「自己実現したい」などです。

アメリカの心理学者アブラハム・マズローが、「人間は自己実現に向かって絶えず成長する」と仮定し、自己実現理論を唱えたわけですが、これこそが人間らしさでしょう。

自己実現の前の段階の「生理的欲求」や「安全の欲求」のレベルは、人間以外のどんな動物でも持っています。

そろそろ、そこを抜け出さないといけません。

ここでもう一度、あなたの「好きなこと」がどのレベルなのかを考えてみてください。

好きのレベルを上げていかないとダメなのです、人間だったら。

「好きなこと」のレベルを上げるには自己否定と挑戦が必要

では、どうしたら「好きなこと」のレベルを上げることができるのか。

その第一歩が「**健全な自己否定**」です。

「もしかしたら自分が好きなものって、世の中のごく一部かもしれない」

「まだ出会っていないところに、もっとおもしろいものがあるかもしれない」

「今までは自己中心的なことばかり考えてきたけど、人の役に立つのも、おもしろいのかもしれない」

そんなふうに考えてみるのです。

するとおもしろいもので、今まで興味が出てこなかったものにも興味を持つことができたりします。

それに気づいたら、勝負はここから！

ルールは簡単、「**気になったらまずやってみる**」。

そもそも、たかだか20数年、30数年、たったそれだけの人生で、世の中のおもしろいものを全部知っているはずはありません。自分が知っている世界なんて狭いのです。

だから、好きでもないことでも、まずやってみる。これを実践してみたら、案外おもしろかったなんてこともあります。

もっと言ってしまえば、**やってみて「好きでも、おもしろくもない」ということがわかったら、それだって立派な経験です。**知らないと、本当に好きなものかどうか判断することもできません。

たとえば、日本の素晴らしさを知るいちばん簡単な方法は、外国を知ることです。

どの国にも素晴らしさがあるけれど、日本ほど治安がよくて、人が優しくて、モラルがあって、清潔で、公共の利益を大事にする国はありません。

最近は新型コロナウイルスが世界で猛威を振るっていますが、強制力をともなわない呼びかけだけでこれだけちゃんと自粛してくれる国はなかなかありません。日本は本当にすごい国なのです。

自分の「好きなこと」のレベルを高めるために、健全な自己否定をして、知らないことをやってみましょう。

今までできなかったことができるようになる感覚って、いいものです。

「成長」を好きになってみてもいいんじゃないですか？

POINT／

自分の「好き」を掘り下げ、レベルを高める努力をする

目の前の仕事に集中しろ

バブル経済のときですが、栄養ドリンクのCMで、ビジネスパーソンに向けて「24時間戦えますか」と問いかけるフレーズが使われた時代がありました。

今の時代にこんなCMを流したら、間違いなくSNSなどでバッシングが巻き起こるでしょう。そんな時代になっていることをわかった上で言いたいのですが、本当に楽しくて好きな仕事だったら、24時間でも戦いたくなるものではないでしょうか。

世の中には「ワークライフバランスが大事だ」と声高に言う人もいます。

でも、私には「自分の仕事は、がんばりたいと思うほどおもしろいものじゃないんです」と聞こえてしまいます。

プライベートを大事にすることが悪いとは言いませんが、**プライベートを優先しすぎて、休むことばかりを考えているのはいいことでしょうか。**

もしかするとそれは、今の仕事にやりがいを感じられていない、熱中できていないということを示しているのかもしれない……と思うのです。

私が会社員だったころ、泊まり込みで仕事をすることはザラでした。そのため、会社には寝袋を2つ用意していました。

1つは自分が入るため、もう1つは枕にするためです。冬のオフィスは寒かったので、掛け布団代わりに使うこともありました。

そんな環境でしたが、私は楽しく働いていました。がんばればがんばるほど、会社がよくなることが実感できたからです。それはつまり、自分の仕事の功績が残るということです。自分がやらなければ、代わりにだれかがやってしまう。それが悔しいと感じていました。

創意工夫を加えると仕事はどんどん楽しくなる

仕事をがんばれない人は、仕事を変えれば問題が解決するのでしょうか。

職場環境によっぽどの問題がない限り、私はそうは思いません。**目の前の仕事**

に一生懸命に取り組めない人が別の仕事をしても、状況が変わるとは思えないからです。

では、どうして仕事がつまらないのか。

答えは簡単。創意工夫をしてないから。考えて仕事をしてないからです。

「自分の仕事は単なるルーティンワークでつまらない」などと言う人もいますが、それなら、しなくて済むよう仕組み化する工夫を考えてみればいいのです。

といっても、「ＡＩを導入しよう！」というような、大げさな話ではありません。デスクワークなら、エクセルなどの表計算機能を勉強してボタン１つで面倒くさい計算が一発でできるようにするなど、工夫のしようはあります。

自分がラクをするために一生懸命がんばってみる、頭を使ってみる。すると自然と新しいことを知って、仕事が楽しくなってくる。そういうものです。

POINT

目の前の仕事をがんばるための努力をしてみる

「得意を仕事にしたい」は思い上がり

「好きなことを仕事にしよう」と並ぶ、もう1つのダメな働き方が「得意なことをやろう」「長所を生かそう」というものです。

これは、まったくダメです。

この手のアドバイスに従ってしまう人は、本当に自分の得意なことがわかるほどの努力をしていないケースが多いです。

どんなことだって、努力していく過程には壁がつきものです。「自分にはできないんじゃないか」「じつは自分に向いていないんじゃないか」など、自分の能力を疑ってしまう……そんなときが必ず来ます。

壁を乗り越えて次のステージ、また次の壁を乗り越えてその次のステージ、そうやって壁にぶつかりながら、自分のステージを上げていくものなのです。

ほかの人から見て「この人は○○が得意だ」と見えているものも、本人の自己評価は低かったりします。

「いやいや、まだこんなもんでは……」という感じです。それはそうですよね、上には上がいるのだから。

おもしろい心理効果に、ダニング=クルーガー効果というものがあります。

これは、1999年にこの効果を定義したコーネル大学のデイヴィッド・ダニングとジャスティン・クルーガーが提唱した認知バイアスのことです。

簡単に言えば「**能力が低い人ほど、自分の能力を過大評価しやすい**」というものです。

たとえば、平均点が60点のテストがあったとします。

このテストで、60点以上だった人ほど自己評価が低く、逆に60点以下だった人ほど自己評価が高くなります。

結果、平均点以上の人は「自分はまだまだだ」と思って努力を続け、平均点以下の人は「自分は十分だ」と思って努力しなくなるのです。

「得意なことを仕事にしたい」と考えている人は、「自分には人より秀《ひい》でた、得意なことがある」と考えているわけですが、そもそもそれが大きな間違いである

可能性があります。

自分で得意だと思っている時点で、じつはそれを仕事にしている人たちと比べると、平均点以下だということも十分あり得るわけです。

プロフェッショナルや挑戦し続けている人は、得意か不得意かなんて気にしていません。気にしているのは、「やりたいか、やりたくないか」よりも、「やる価値があるか、ないか」です。

やる価値があるなら、好きでなくても、不得意でも、関係なくやるわけです。

あなたは自分で考えるよりも自分の「得意」をわかっていない

人は鏡でも使わない限り、自分の顔すら確認できない生き物です。

先日も、次のようなことがありました。

私が講師をさせていただいている、ジャパンスピーカーズビジネスカレッジでおこなっている講座にＪＳＢＣ人材アセスメントコースというものがあります。

このコースは個人のビジネス能力を正確に診断することが可能です。

米軍の幹部候補を選ぶ際におこなわれていたテストが元になっていて、日本の大手企業でも幹部候補を選ぶ際に使っています。

門外不出といったら大仰《おおぎょう》かもしれませんが、受講枠が少ないため、なかなか一般で受けることは難しく、知られていないのが現状です。

このコースを私の友人が受けたのですが、彼女の受講前の自己評価は、「共感性は高いが、情報理解する力は弱い」というものでした。

ところが受講して出た結果は真逆。「共感性が低く、情報理解力が高い」というものでした。本人はびっくりしていましたが、周りの人には納得の結果でした。

自分の得意を決めつけず なんでもやってみる

自分のことをわかっている、自分がなにが得意なのか理解していると思うのは、大きな間違いです。

もちろん、自分で長所だと思っているところを大事にして、それを伸ばすための努力をするのはいいことです。

でも、**自分で長所を決めつけず、自分の気づいていない長所を増やすことに挑戦したほうがいい**と思うのです。

そもそも、成果を出すには、得意なことだけでは足りないことが多々あります。

とくに若いうちは、自分の得意不得意なんて、あまり気にしすぎないほうがいいでしょう。

なんでもまずやってみる。そして、自分の目的のためにやる価値があることは、好きとか得意という基準を無視して、身につけるようにしてみてください。

POINT／
自分の「得意」を疑い、気にしないようにする

仕事は給料や福利厚生より「職能」で選びなさい

「僕は安定が大事なんです。大手企業に入って、定年まで働くのがいちばんいいと思ってます」

新型コロナが猛威を振るっていた2020年4月の上旬。オンラインで就職相談をしたいという学生さんの口から出たこの言葉に、私は衝撃を受けました。

いまや20代、30代で転職するのは当たり前で、大手企業に入ったからといって一生安泰とは言えない時代です。

にもかかわらず、学生さんにもこうした化石のような考えを持っている人がいるのは、ショッキングでした。

とはいえ、本人がそう思ってるわけですから、私が彼の考えを否定できるわけもありません。とりあえず、なぜそう思うのか聞いたところ、次のように答えてくれました。

「うちは両親が公務員で、ずっと安定志向で育てられました。だから自分も安定した将来をつくっていきたいんです。公務員試験に落ちてしまったので、せめて大手に入って安定を手に入れたいです」

親と同じ生き方をすることが美徳だった時代は、とうの昔に終わってます。

そもそも時代が違うわけですから、親と同じ働き方をしたところで、親と同じ結果が得られるとは限りません。

終身雇用制も、「大手なら安心」という認識も、すでに過去のものだと思ったほうがよいでしょう。

大手企業ですら潰れかける時代ですし、海外では公務員のリストラもあります。残念ながら、「寄らば大樹の陰」で安定を手に入れることはできないのです。

真の安定は自分の能力アップにある

それでは、どうすれば安定を手に入れることができるのでしょうか。

時代はどんどん変わり、状況もどんどん変化していきます。そんななかで、企業や国に安定を求めるほうが間違いです。

状況・環境が変わっても、たとえ今働いている会社が倒産しても、どこに行っても通用するビジネスパーソンに自分自身を育てあげる。これが、現代においていちばんの安定です。

自分を磨き、能力アップすることが、いちばん確実な安定なのです。

仕事選びで大事にすべきことは、福利厚生や給料の多い少ないではなく、「職能」です。その仕事に就くことで、どんな能力を身につけられるのか。これがいちばん大事です。

私はありがたいことに、親から「教育しか残せるものはない」と言われ続けていたので、「学ぶ」ことへの意欲は高いほうだと思います。

残念ながら学業にそのベクトルは向かいませんでしたが、職能には大いに向きました。

だから学生時代から10以上のバイトを経験し、その仕事ができるようになると次々にバイトを変えていきました。できることを増やしたかったからです。

そうして経験した仕事の1つにバーテンダーがありました。

当時はバーテンダーの経験が将来なにかの役に立つとかはまったく考えず、ただモテそうだというだけでやっていました。

その後、まさか自分が飲食店を経営し、バーテンダーの知識や経験が役立つなんて、まったく思っていませんでした。

スティーブ・ジョブズはスピーチで「**Connecting the dots（点と点をつなげる）**」と言いましたが、まさに点と点がつながったわけです。

経験を積んでおくと、あとから不思議とつながってくるからおもしろいのです。

自己投資がもっとも投資効率がよい

仕事の価値は、このように考えるようにしましょう。

今まで： 仕事の価値 ＝ 給料 ＋ 福利厚生
これから： 仕事の価値 ＝ 能力アップ

どんなに給与や福利厚生がよくても、自分の能力がアップしなければ時間の無駄遣いです。逆に、たとえ給料が安くても、大幅な能力アップが見込めるなら、ぜひその仕事はやるべきでしょう。

自分の価値を高めれば、将来にわたっていくらでも稼ぐことができます。
自己投資こそが、もっともローリスクハイリターンの投資と言われます。一説には自己投資のリターンは年率18％と言う人もいます。下手な金融資産に投資するより、自分に投資したほうがよっぽど価値が高いのです。

POINT
安定は組織ではなく、自分の能力に求める

辞める前提でやっている仕事に価値はない

最近、学生さんと話をする機会が増えました。

そこで将来について聞くと、こういう答えがよく返ってきます。

「最初の就職先に一生いるつもりはありません。将来は別の仕事をしたいです」

先述したとおり、今は終身雇用の時代ではありませんから、間違ったことを言っているとは思いません。

しかし、**最初からこの考え方でうまくいくかは疑問です。**

結婚にたとえてみましょう。

「最初の結婚相手と一生添い遂げるつもりはありません。将来は別の人と結婚したいです」

こう言っているのとなんら変わらないのです。

結婚にたとえれば、どれだけ非常識なことを言っているか理解できますが、仕事でキャリアプランを考えるとなると、これに近いことを言っていたりします。

「今の仕事を一生やるつもりはありません」

「条件のいい仕事があったら、ほかの仕事に就こうと思っています」

「セカンドキャリアを考えた働き方がしたい」
ハッキリ言いますが、こんな甘えた考えでは職能を上げることはできません。

本気で働くからこそ職能は身につく

長期的な視点を持つことが悪いとは言いませんが、今の仕事を腰掛けのように考えたり、「とりあえずの仕事」と捉えていては、成長は望めないでしょう。セカンドキャリアもそうです。これは定年退職や、なんらかを理由に引退したあとの働き方を指します。

今の仕事で結果を出せていないのに、次の仕事で結果が出せると思っているなら、これも大きな勘違いです。

ファーストキャリアでちゃんと結果をつくっていることが、セカンドキャリアで魅力的な働き方をするための第一条件です。

私は学生時代から、多くの仕事を経験しました。**しかし、どの仕事も辞める前提でやったことはありません。**一生懸命にやりました。

飲食店を経営するとき、バーテンダー研修やホール研修などを自分でやることができたのは、バーテンダーの仕事を真剣にやっていたからです。「どうせ一生の仕事じゃないから」と腰掛けのつもりで働いていたら、バーテンダーとしての職能は身につかなかったでしょう。

もちろん実際には、転職することもあるでしょう。でも、初めからその仕事を辞める前提で働くのはやめましょう。

いつ辞めても後悔なく、しっかりと力がついたと胸を張れるくらい一生懸命取り組む。そういった姿勢があってこそ、初めて職能が身につくのです。

POINT

どんな仕事も一生の仕事だと思って真剣に働く

いつでも辞められる覚悟を持て

前項と矛盾《むじゅん》するアドバイスに感じられるかもしれませんが、

「いつでも辞められる覚悟を持つ」

というのも、結果を出すために重要な心構えです。

「この会社を辞めたら、外で生きていけない」

「なんとか、しがみついていかなければ」

こんな考えに囚《とら》われてしまったら、大胆な仕事にチャレンジできないでしょう。

「いざとなればいつだって辞められる」

「失敗して辞めさせられるぐらいなら、喜んで辞めてやる」

そのくらい腹をくくって仕事に取り組める人のほうが、仕事で結果をつくりやすいのです。

私は会社員時代、25歳でKPI（評価指標）の作成、センターの立ち上げ、基幹システムの導入などを経験しました。

ともすれば、会社全体に影響がある仕事です。不安がなかったかと言えばウソになります。

しかし、「もし辞めても、どうせどこかで食っていける」「仕事の失敗で辞めさせられるくらいなら、いつでも辞めてやる」という気持ちでいたから、大きな仕事も取り組むことができたのです。


多くの社長はそういった攻めの姿勢で働いてくれる社員を好みます。

攻めの姿勢で仕事に取り組むことでしか、会社組織の拡張はないからです。

組織は拡張か衰退のどちらかしかありません。

停滞・現状維持はないのです。現状維持は世の中の変化に取り残され、衰退することを意味します。

企業にとって「停滞・現状維持＝衰退」なのです。

挑戦し、変化し、成長し続ける社員は宝であり、人材ではなく「人財」となるのです。

自分の価値を高めるためにできる3つの方法

あなたが「人財」となるためにお勧めしたいことが3つあります。

1つ目は、学校やセミナーに通うこと。

会社のなかの学びだけでは十分ではありません。与えられた業務以外の知識も身につけ、視野を広げる努力をしましょう。

学校やセミナーは無料で参加できるものから、1回数万円するものまで幅広くあります。できれば、ワンコインでもいいので有料のものに参加しましょう。

というのも、人はお金を払わないと本気になりにくいからです。出したものが大きいほど、得るものも大きくなります。無料で手に入れたものは、そう大事にしません。

「学びを得るためにお金を払う」という習慣を身につけておきましょう。

2つ目は、複業をすること。

これからの時代は1つの仕事に専念するのではなく、複数の仕事を持つ複業が当たり前の時代になります。

案件ベースで仕事を抱え、会社をまたいで活躍していくビジネスパーソンも増えることでしょう。

複数の仕事を持つことで視野が広がり、能力も高まります。

もし自分で週末起業のようなことをおこなうなら、社長としての経験まで培《つちか》うことができるのです。

一般社員でありながら社長としての経験や視野を持つことができたら、これほど価値が高い社員はいないでしょう。

3つ目は、オンラインサロンなどのコミュニティーに所属すること。

会社内のコミュニティーだけでは、どうしても視野が狭くなりがちです。

また、特定の講座に参加しても、人脈まで広がるとは限りません。

これからの時代は広い人脈を持っている人のほうが、価値が高い人になっていきます。会社のなかだけの人脈ではなく、会社の外にも人脈を持つように努力をしましょう。

また、ダイヤはダイヤでしか磨けないように、人は人でしか磨けないという言葉もあります。

あなた自身を磨いていくのは人との出会いです。

オンラインサロンはこれからの時代の人のつながりを支えるキーワードの1つになってきますから、上手に活用しましょう。

POINT

いつ辞めても困らないように社外でも自分を高める

長所を
伸ばすのは
やめなさい

第2章

- ▷ 長所を伸ばすよりベーススキルを習得しろ
- ▷ 飲みニケーションに参加しておけば損はしない
- ▷ 世の中の不平等を受け入れろ
- ▷ この世に役に立たない努力は存在しない
- ▷ ルールを疑う姿勢を持て
- ▷ 未来は予測せず自ら描け
- ▷ 役職や地位に振り回されるな

長所を伸ばすより ベーススキルを 習得しろ

長所を伸ばすべきか、それとも苦手なことにも挑戦すべきか？

これは、仕事をする上での永遠のテーマでしょう。

よくあるのは、「長所を伸ばしなさい」というアドバイスです。

今の仕事で、自分の長所や得意なことを生かせている。だから、長所をもっと伸ばして仕事をしなさい、というアドバイスです。これはとても受け入れやすいし、魅力的です。

しかし、あなたがもっと上を目指したいなら、そのアドバイスは聞くべきではないでしょう。さらに上を目指し、ステージアップしようというなら、キーワードは「**スキルセット**」です。

1つしかできることがないと、単純な競争の世界に入ります。

たとえばSE（システムエンジニア）の方が単一スキルで勝負するなら、より高度なプログラミングや、最新のプログラミングで勝負をすることになります。

しかし、若い人が新しい技術から学んだほうが強かったりもします。

とくに専門スキルによる競争はどんどん過酷になり、せっかく学んだものも時間とともに価値が下がっていってしまいます。

これでは学んだ経験が自分の資産にならず、将来にわたって活躍していく人にはなりにくくなります。


私のオススメは「**ベーススキル**」のアップです。

ベーススキルとは、どんな職業に就いても必要とされるスキルを指します。

たとえば、「**コミュニケーション力**」「**プレゼンテーション力**」「**問題解決能力**」「**計画策定力**」「**課題の設定力**」「**仕事を概念化するスキル**」などです。

これらは資格のように可視化することが難しいのですが、こういった能力がないと上に上がっていくことは難しいでしょう。

カッツの理論というものがあります。ハーバード大学の教授であるロバート・カッツ氏は、職能について次の3つを挙げています。

【1】テクニカルスキル（業務遂行能力）
【2】ヒューマンスキル（対人関係能力）
【3】コンセプチュアルスキル（概念化能力）

この3つの能力は、マネジメントの階層ごとに求められる割合が違っています。

下図の通り、上の階層に進めば進むほどテクニカルスキルの割合は小さくなり、概念化するスキルの割合が大きくなります。

長所を伸ばす場合、テクニカルスキルを指すケースが多いですが、それでは上の階層に進むことは難しくなっていきます。

私の言うベーススキルは、カッツの言う「ヒューマンスキル」と「コンセプチュアルスキル」です。

組織から求められる能力の割合

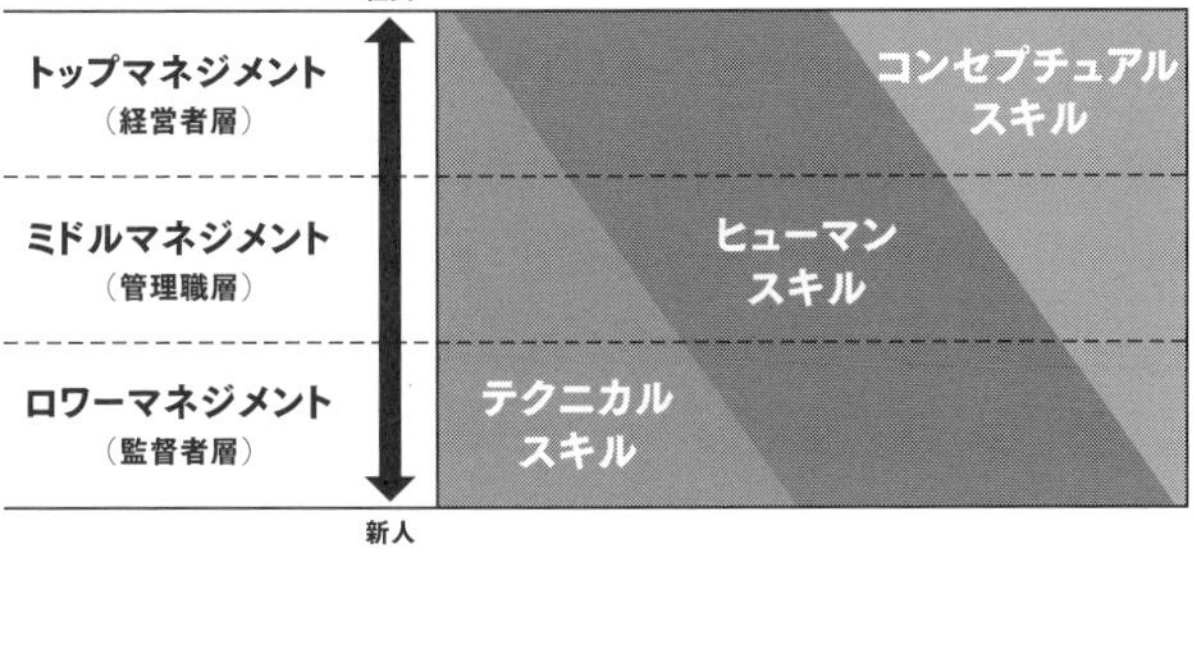

ちなみに誰もが知っているいくつかの大手企業は、人材アセスメント研修を導入し、人事考課としてこれらのベーススキルの基礎ができているという診断を受けないと、昇進できないシステムを採用しています。

次の方程式を覚えておくとよいでしょう。

年収 ＝ 働き方 × 専門スキル × ベーススキル

問題への対処を経験しベーススキルを習得せよ

スキルセットを増やしていくために、なにをすればいいのか？

いちばんよい方法は、「**問題と仲良くしてみる**」ことです。

たとえば新型コロナによるパンデミック。世界規模で経済が停滞し、働き方を変えることを余儀なくされました。日本でも一気にテレワークが進みましたよね。

これは、日本社会が「問題と仲良くなった」事例です。**問題が起きたとき、それにうまく対処できると、以前より便利な状況を生み出せます。**

問題を避けてばかりいては、能力アップはできません。問題をちゃんと解決する。ベーススキルはその繰り返しによって身についていきます。

余談ですが、人間は不便なほうから便利なほうへ流れます。不便なほうに後戻りすることは基本的にありません。

ですので、コロナ禍《か》が一段落しても、テレワークは残るでしょう。企業からすれば、5日に1日の出勤でいいならオフィスの広さも5分の1にでき、交通費も浮きます。従業員も、会社に移動する時間が減り、在宅なので自由度が上がる。

よく考えてみたら便利になっているので、コロナが終わった後も働き方はテレワークに向かっていくと予想できるのです。

POINT

問題解決を繰り返し、汎用性の高いベーススキルを身につける

飲みニケーションに参加しておけば損はしない

「仕事がつまらないのですが、どうしたらいいですか？」

あなたがこう聞かれたら、なんと答えますか。

私は**「つまらないなら、辞めちゃえば？」**と答えます。

仕事なんていっぱいありますし、辞めたところで、ほかにやれることはいっぱいあります。

辞められた会社側も、一時的には困るかもしれませんが、あなたが辞めたことをきっかけにして会社自体も成長できるかもしれません。イヤイヤ働かれるくらいなら、辞めてもらったほうが会社だって幸せです。

だから、「つまらない仕事なら辞めてもいい」という前提に立った上で、ここからの話を聞いてください。

そもそも、「仕事がつまらない」という状況がおかしいのです。

創意工夫して、自分の成長を感じたら、仕事がつまらないなどということは起こりえません。仕事は本来、楽しいものなのです。

だから、仕事がつまらないのではなく、「つまらなく仕事をしている」というのが正解でしょう。

楽しく仕事をするためのキーワードは「挑戦」です。

挑戦しているとき、新しいことを身につけているとき、人は楽しくなります。なにもしておらず、変化も起きないなら「ラク」でしょうが、楽しいとはまったく逆の概念です。行動するから仕事が楽しくなるのです。

人間の生産性は仲のよさに左右される

また、**おもしろく仕事をするためには、飲みニケーションが欠かせません。**

といっても、お酒が飲めなくてもいいのです。毎回でなくてもいいけれど、たまに飲み会に参加するなど、人付き合いは大切にしましょう。会社というコミュニティーで仕事をする上で、仲のよさはとても重要です。

有名なホーソン実験をご存じでしょうか。

1924年から1932年にかけて、アメリカのウエスタン・エレクトリック社のホーソン工場において、人々の作業効率について一連の調査研究がおこなわれました。

この実験からわかったのは、

「作業能率や生産性を左右するのは、そこで働く人びとの間のインフォーマルな組織である」

ということでした。

要するに、働く人同士の個人的な関係性、もっと言えば「仲のよさ」によって、生産性が大きく左右されるということがわかったのです。

業務時間内のコミュニケーションだけで十分に仲のよさが深められるのであればいいですが、おそらく仕事だけの関係ではそこまで深い関係をつくることは難しいでしょう。

だから飲みニケーションを通して信頼関係を深くする努力が大切なのです。

テレワークによって飲みニケーションの価値は上昇する

あなたは仲のいい同僚からお願いされた仕事と、仲の悪い同僚からお願いされた仕事、どちらを優先して取り組むでしょうか？

当然ですが前者でしょう。

これは上司にも同じことが言えます。

上司だって人間ですから、仲のいい部下、仲がよくない部下、どちらもいます。どちらを優先して評価するか？　人間ですから当然前者でしょう。また能力が一緒なら、おもしろい仕事をお願いするのも前者でしょう。

だから、上司や同僚、部下と仲よくする努力も、大切な仕事の1つです。

これは独立したって一緒です。取引のある人たちと仲が悪くなれば、むしろ会社員よりもシビアなことになってしまいます。

今後、テレワークが進み、顔を合わせる機会は減っていくでしょう。

だからこそ、意識的に飲み会に参加するなどして、積極的に人間関係をつくらないと、会社にいながら孤独になる可能性もあります。

おもしろい仕事をしたいなら人間関係をよくすること。

そのために飲みニケーションも大事にしてみてはいかがですか？

POINT／

仕事をおもしろくするために人間関係をよくする

世の中の不平等を受け入れろ

あなたもうっすらと感じていることかもしれませんが、世の中は平等ではありません。

生まれた瞬間から顔の造作が違いますし、背の高さも、運動能力だってある程度生まれたときから差があります。知能レベルですら、DNAによってある程度決まっているという説もあるようです。

また、生まれた家庭の収入が違えば、受けられる教育だって変わります。そもそも、生まれた国が違えば、行ける国の選択肢が変わったりします。

そう、世の中は極めて不平等につくられているのです。

これはスタートラインが違うところからマラソンを始めるようなものです。

当然ですがゴールに近いほうが早くゴールに到達できます。

でも、「ゴールから遠い」と文句を言ったところで、世の中は取り合ってくれません。

受け入れないといけないのです。世の中は不平等であるということを。

ただ、そんななかで、すべての人に平等に与えられているものが1つだけあります。

時間です。だれにも等しく時間は流れていきます。1日が24時間であることは、だれにとっても変わりません。

その平等に与えられた時間を、どう使っていくのか？　その時間の使い方の差が人生のクオリティの差をそのままつくり出します。

与えられた時間を使って将来のために努力するのか、なんとなく今を楽しむだけに使うのか、ただぼんやりと過ごして失ってしまうのか。

それによって生み出される差はとても大きいものになるでしょう。

学歴があることは大きなアドバンテージになる

たとえば勉強について考えてみましょう。

学力や学歴は、あるに越したことはありません。少なくとも社会に出た瞬間のアドバンテージが違います。

「僕は東大に行きました」という人は、必然的に社会に出ると優遇されます。もちろん、東大に行ったからといって全員が仕事ができるわけではないということは、だれでも知っています。でも、少なくとも「東大に行くほどの努力ができる人」であることは証明されています。

それだけの努力ができるということを証明しているわけですから、当然高く評価されて社会に出ることができるのです。

以前、「ビリギャル」として有名な小林さやかさんのお話を伺いましたが、彼女はこうおっしゃっていました。

「私ってついてる。だって考えたら、慶應に受かっただけで、大したことしてないですよ」

その謙虚さが素敵だなと思いますが、受験で成功しただけで人生は大激変しうるというよい例でもあるのです。

平等に与えられた時間を、受験勉強という努力に使ったからこそ人生が変わったのです。

努力しない人が多いから努力のコスパが高い

では、受験勉強をがんばらなかったら、もう人生終わりなのかといえば、当然そうではありません。社会に出てからだって変わらないのです。

「学歴」という言葉を分解すると、「学ぶ」「歴史」です。

その歴史が学生のときで止まっているのでは、当然ですが社会に出てから追い抜かれてしまうのも納得です。

学生時代にがんばっていなかったなら、社会に出てからがんばればいいのです。

だからこの不平等な社会を勝ち抜くために大事なことは、平等に与えられた時間を努力に使うということです。

なんとありがたい世の中でしょうか。

努力をすれば人生一発逆転が待っている。今の時代、努力を嫌う傾向があるので、努力をしている人の評価は非常に高いといえます。

言い方を変えると、現代社会は努力のコスパが歴史上もっとも高いのです。

社会の仕組みが整って、大して高い能力がなくても、ちゃんと生活できるだけの給料を確保してもらえる。

生活に困れば生活保護を受けることだってできる。

これだけ守られた世の中ですから、当然努力を嫌う傾向に流れるでしょう。

努力こそ現代社会に与えられた最強の武器です。

そう思ったら、この不平等な世の中も、悪くないと思えませんか。

POINT／

不平等を受け入れ、努力で覆す

この世に
役に立たない努力は
存在しない

「努力のコスパがいいといったって、無駄な努力もあるんじゃないか」

そういう声も聞こえてきそうですが、無駄な努力なんてありません。

努力には大きく2種類あります。

①すぐに報われる努力

②いつか報われる努力

現代は変化のスピードが速いため、「すぐに報われる努力」ばかりを大事にする傾向があります。

報われた感覚がないと、がんばり続けることが難しいため、すぐに報われる努力をしたくなるのもわかります。間違ったことではありません。

すぐに報われる努力をしたいなら、正しい方向性で、正しく努力をすることです。「正しさ」は、将来の理想、目標に近づくかどうかです。

東大に行きたいなら、東大に行くための勉強をすべきでしょう。資格を取りたいなら、資格勉強をすべきですし、マッチョな体を手に入れたいなら、高負荷の筋トレに取り組むべきでしょう。

自分の理想に向かって最短距離で、一気に近づくための努力をする、それがすぐに報われる努力の条件です。ただし、チンタラやってはいけません。チンタラやっていると、覚えた知識や体の使い方を忘れていってしまいます。

一生懸命やったことはいつか絶対に役に立つ

では、「すぐには報われない努力」とはなんでしょうか。

私は学生時代、合唱部でした。勧誘に負けたからです。音楽は好きでもなく、音痴《おんち》だったので、合唱をしたいなどと思ったことはありません。ただ引っ込み思案で、いちど見学に行ったら断れなくなってしまっただけでした。

しかし偶然はおもしろいもので、その合唱部は全国大会の常連校。練習もおもしろく、結果的には合唱にのめり込んだ3年間でした。授業をサボっても、部活動だけはちゃんと行く、そんな学生生活でした。

そんな、流されて身につけ、なんの役にも立たないだろうと思っていた合唱の技術でしたが、今、これほど役に立っている能力はありません。講師として仕事をしますから、発声の仕方が身についているということが強みになるのです。

将来、講師になりたいなんてこれっぽっちも思ったことはありません。しかし、結果的には学生時代の合唱部の経験が今でも役立っているのです。

人生はわからないものです。**役に立ちそうにないことも、本気で努力した経験が必ず生きる。**スキルは役に立たなくても、ベーススキルのアップにつながっていたら、結果的に役に立っています。

中途半端な努力は報われませんが、本気でやった努力は、なんらかの形で必ず役に立ちます。すぐに役に立つことでなくても、本気でやっていきましょう。

POINT／すぐに役立たないことでも本気の努力を続ける

ルールを疑う姿勢を持て

日本人ほどルールが大好きな民族はいないと思います。

士農工商という身分階級があった江戸時代の流れなのか、はたまた敗戦国としてアメリカに統治された経験の結果なのか。原因はわかりませんが、ルールに従うことをこれほどよしとする国は、ほかにないのではないでしょうか。

だからこそ、**決められたルールが本当に正しいのか、疑問を持ったほうがいいでしょう。**世の中が変わるなら、ルールだって変わらないといけません。

ルールとはいくつかの具体例をまとめて、抽象化して扱った概念です。

たとえば自動車ができた時代。馬車から自動車に替わった当初、自動車のルールは今ほどなかったはずです。しかし馬から自動車に入れ替わると、交通事故が増え、自動車を規制するルールの整備が進む。これは、よいことです。

ただ残念なことがあります。

一度つくられたルールは変えられないという錯覚を起こすと、新しい技術を受け入れることができなくなるのです。

わかりやすい例を言えば、日本でのセグウェイの規制です。

乗ったことがある人はわかると思いますが、とても便利です。海外では公道での利用を許可している国もあります。私は一輪車タイプのセグウェイを所有し、私有地で利用していますが、速度の上限も設定できるし、両手が空いて使いやすい。体重移動でブレーキをかけられるので、慣れると見た目以上に安全です。

また、軽量&省スペースなので置く場所に困りません。駅のロッカーでも入れられるレベルです。公道での利用を許可すれば、駐輪場不足問題は一気に解決するのでは、と個人的には思います。

しかし、日本の法律では、セグウェイは公道を走ることができません。明確なブレーキがないと安全性が認められないというのです。セグウェイだって体重移動でちゃんとブレーキをかけることはできるのに、です。

会社のルールや慣習は今の状況に即しているか

世の中にはこういうことがたくさんあります。あなたの会社にも、よくわからないけれど決まっているルール、慣習があるでしょう。

当然、法律は犯してはいけませんが、**明文化されていない仕事のルールや慣習が現状に合っているのか、疑問を持ってみましょう。**

じつは現状には合っていないなんてことも、多々あるはずです。ルールを変えただけで一気に仕事がやりやすくなる……ということもあるのではないでしょうか。

これからの働き方はテレワークや自宅勤務の方向に進んでいくでしょう。過去のルールに縛られず、新しい技術を受け入れてより働きやすいルールに変える努力をしてみる機会は増えるはずです。

POINT

既存のルールを疑い、必要であれば変える

未来は予測せず
自ら描け

将来の日本はどうなると思いますか？

こんな質問をいろいろな方からされることがあります。

それはそうです。将来がわかればだれでも成功することは簡単です。だから将来がどうなっていくかの予想にみんな一生懸命になります。

ちなみに、**「未来予測のほとんどは当たらなかった」**というデータがあります。

三菱総合研究所「政策・経済研究センター」の主席研究員（当時）・白戸智氏が２０１６年１月に発表したセミナー資料「三菱総研が捉える社会シフト――予測できない未来を捉える」では、１９７０年代に言われていた未来予測が、40年後にどうなったかを検証しています。

その結果はほとんど「惨敗」でした。

たとえば１９７１年の未来予想では、「人口爆発は止められない」とされていたそうです。ところが、現実には人口成長率は半減しています。

また狂牛病で数十万人死ぬと予測されていましたが、実際にはその後の20年間で172人しか亡くなっていません。

さらに恐ろしい予測では「核戦争の結果、核の冬が訪れる」とされていましたが、核兵器の3分の2は取り除かれました。

要するに、専門家の意見ですら、あてにならないということです。

未来を予想して行動するなんて、バカげたことは今すぐやめましょう。

テレワーク時代は自分で決める力が求められる

未来予測より大事なことは、自分で未来を描くことです。国任せ、会社任せ、親任せで、未来を描くのではなく、自分でちゃんと未来を描きましょう。

自分の人生をどうしていきたいのか？

自分は世の中にどんな影響を残したいのか？

他人事《ひとごと》ではなく、あなたはどうしたいのでしょう？

私たちは学生のころから、人に教えられることに慣れすぎています。結果的に自分で決められない人が多すぎるのです。

新型コロナによる社会の大激変を見ても、いかに多くの人が自分で考えられないのかがよくわかります。

テレワークになって、自分で判断して仕事をしなければいけなくなったときに、あなたは自分の判断でどこまで機敏に動けたでしょうか。

テレワークが当たり前になっていくこれから、だれかに管理され、だれかが決めてくれないと仕事ができない人は役に立たなくなります。

自分で考えて、決めるのです。 自分で決める能力は、これからの時代の必須スキルになります。未来予測なんて今すぐやめましょう。未来は予測するものではなく、自分で描いてそこに向かって努力をするものです。

POINT

自分がどうしたいのかを考え、決める

役職や地位に振り回されるな

出世したら変わってしまった、なんて人に会ったことありませんか？

同僚のときにはいいやつだったのに、出世したら急に嫌なことを言うようになった、偉そうになった。そんな人です。

なぜ、そんなことが起こってしまうのでしょうか？

そこには2つの可能性が考えられます。

①役は人をつくる

役割というものは人を成長させたり、変えてしまうことがあります。

よい例で言えば、課長に昇進して、「課長なんだからちゃんとしないといけない！」と真剣に仕事に取り組むようになる場合。

最初は背伸びですし、力不足な部分は否めません。しかし、そういう背伸びが人を成長させてくれるので、役に合わせて自分を変えていこうというのはとても素晴らしいことです。

しかし、悪い例もあります。

それは、「権力を持つ＝偉い」と勘違いしてしまっているケース。こちらは非常にタチが悪い。

自分は偉いと思っていますから、態度が尊大になります。周りに自分のいうことを権力で聞かせようとします。

こうなると人から尊敬はされません。

尊敬されないと、その人のために働きたいと思われなくなりますから、チームのパフォーマンスは当然下がります。

②役が人を暴く

先述したとおり、権力を持つということは、あくまで役割であって偉さではありません。

にもかかわらず権力を持ったり、役職についたときに、自分が偉くなったと勘違いして、ついつい「本性」が出てしまう。

権力が人を変えるのではありません。権力は、人の本性を暴き出すのです。

権力を持ったから偉そうになってしまったのではなく、本性が偉そうな人が、権力を持ってその本性を暴かれてしまった。ただそれだけです。

これは役割の問題ではなく、その人の人間性の問題でしょう。

役職や権力も捉え方1つで変わる

他人を変えることは難しいですが、自分自身を戒《いまし》めておくことはできます。

出世をした、役職についた、権力を持った。こういったときには、それが「偉さ」ではないということを肝に銘じましょう。

今の時代は人の流動性も高くなり、いくらでも転職ができる時代です。ちょっと出世したくらいで偉くなったなんて勘違いしていたら、すぐに人が離れていきます。

出世なんていうのは、偉くなったのではなく、責任が重くなったくらいに考えましょう。

さらに言うと、責任が重くなっても、今の時代はたいして給料も上がりません。だから若い人に聞くと「出世はしたくない」という人も多いそうです。

しかし、ここで見方を変えてみましょう。

責任が重くなったということは、その分だけできることの幅が広がるということです。

できることの幅が広がるということは、自分の思うように仕事を動かすことができるわけですし、仕事のおもしろさも増します。経験できることも増えていくことでしょう。

仕事の価値は給料だけではなく、その仕事によって得られる職能によって決まるということをすでにお伝えしました。

責任が大きくなるということは、その分だけあなたの職能を上げるチャンスがあるということです。

あなたの能力が上がった分だけ、収入が上がるチャンスがあります。できることの幅も広がり、より仕事がおもしろくなっていくでしょう。

「責任が重くなる　＝　嫌なこと」

ではなく、

「責任が重くなる　＝　やりがいが増す」

と考えてみたらいかがでしょうか。

そう思えば出世することもおもしろくなるはずです。

POINT

役職や地位は、責任とやりがいの増加

信用を
お金に換えるのは
やめなさい

第3章

- ▷ みんなと仲良くなんてしなくていい
- ▷ なんでも丁寧に教えてはいけない
- ▷ 信用を安易にお金に換えるな
- ▷ 人間関係にダイバーシティーは必要ない
- ▷ なにが正義なのか考えることに意味はない

みんなと仲良く
なんて
しなくていい

一般的に、人付き合いは「みんな仲良く」が普通でしょう。だれとでも仲良くできるのはいいことだと考えられているように思います。

ただ、私は、**「みんな仲良く」というのは、社会に出てこれをそのまま実践すると、とんでもない方向に行ってしまうリスクがある**と考えています。

学生時代は、成績が良い悪いはあれど、それによって競合するようなことはほとんどありません。競争はあっても、負けたからといってそこまで大きな損失はないことのほうが多いのです。

たとえばＴＯＥＩＣの点数などはわかりやすいですが、だれかと競うのではなく、自分で決めた目標の点数に向かってがんばるものです。

資格試験なども一緒でしょう。だれかに勝つ、負けるの話ではなく、自分の努力です。

あえて言えば、受験に関しては上位から入学していくので負けることで不利益もあるでしょうが、多くの受験生がいるなかでは１人２人の勝ち負けではないので、本人の努力次第で勝つか負けるかは決まってくるでしょう。

　だからみんなが仲良くして、みんなで応援しあって、理想を言えば誰一人落ちこぼれがいない世界、それが学校の理想でしょう。

与えすぎる人は損をしてしまう

　もちろん社会に出ても、みんなで応援しあい、一緒に勝っていけるのが理想です。多くのビジネス書には「win-win」、つまり、ともに勝つことの大事さを謳《うた》っています。社是でそれを掲げている会社も少なくありません。

　しかし残念ながら、そんな人や会社ばかりではないのも現実です。

　自分さえよければいいという人もたくさんいて、気をつけないと奪われてばかり、そんなことだって起こりえます。

『GIVE & TAKE』（アダム・グラント）という、世界的ベストセラーになった書籍があります。

本書では、**いちばん成功するのはギバー（与える人）で、逆にいちばんうまくいかないのもギバーだと論じられています。**

ギバーがうまくいかない理由は2つです。

1つは与えてから返ってくるまでに時間がかかること。

与えるという行為は、農家が種をまくようなものです。花が咲き、実がなるまでには時間がかかります。それまでの期間の辛抱《しんぼう》が必要なのです。

もう1つの理由は、だれにでも与えすぎてしまうため。

テイカー（奪う人）は自分の利益しか考えていません。そういう人に与えすぎると、奪われるばかりでどんどんマイナスに働いていきます。

仲良く付き合うためには与えていく必要があります。

ギバーは多くの人と付き合うことができますが、付き合う人を選ぶ必要があるということです。

学校という小さなコミュニティーのなかでは、互いに応援しあうことが望ましいでしょう。

しかし、社会に出てだれとでも自由に付き合うことができるなら、わざわざテイカーと付き合う必要はないのです。

ハッキリとお伝えします。

自分の人生をよりよくしていくために、付き合う人と、付き合わない人は分けてください。

場合によっては、人を嫌いになることだってあっていいんです。あまり人の好き嫌いが激しすぎるのも問題ですが、「まったく合わない」「むしろ嫌いだ」という人がいてもいいのです。

ただし、あなたが嫌いだからという理由で攻撃をしてはいけません。

嫌いなら過度な干渉を避け、適度な距離感を持って付き合えばいいのです。

おもしろいもので、そうした相手となにかのきっかけで急に仲良くなることだってあります。

しかし無理に仲良くしようと一生懸命になってしまうと、かえって人間関係をこじらせ、うまく付き合うことができなくなるのです。

ファミレスのような人間関係をつくるな

みんなから好かれるのは、ファミリーレストランの食事のようなものです。

ファミレスはどこに行っても同じ味で、それなりにおいしいですよね。知らない土地で入るお店に困ったら、名前の通ったファミレスに入れば、間違いなくそれなりにおいしいものが食べられます。

でも、残念ながらそれでは尖っていません。

尖るというのは、料理のたとえで言えば、超激辛とか、味つけがすごく濃いとか、野菜が山のように盛られているなどを指します。

この手の類《たぐい》のものは一部の熱狂的なファンはいるけれど、全体としては受け付けない人も多いでしょう。

ただこの一部の熱狂的なファンの人たちの支持は非常に厚く、足しげく通ってくれ、場合によっては似た仲間を集めてくれます。

ファミレス形式でみんなの顔色をうかがって、無難にみんなが好きでいてくれそうな味を追い求める。

すると、あまり敵はできないでしょう。しかし深い人間関係をつくることも難しい。

たとえば、あなたがなにか商売を始めるとき、「応援するよ」とお金を出してくれる人は、おそらくこのなかにあまりいないでしょう。

逆に、尖った個性を発揮する人間ならどうでしょうか。一部の熱狂的なファンや、仲間が集まる可能性は十分にあると思います。

そんな深い信頼関係の仲間たちが集まるなら、職場に限らず、あなたが活躍しようというときに手を貸してくれる人は必ずいるはずです。

みんなから好かれる必要なんてまったくありません。

社会に出たら、みんなと仲良くする必要はありません。

尖った個性を持って付き合う人を選びましょう。

POINT／

尖った個性を発揮して濃い人間関係をつくろう

なんでも丁寧に教えてはいけない

私の友人、そして尊敬する経営者の1人に、「天才キッズクラブ」の田中孝太郎理事長がいます。

「天才キッズクラブ」は保育園なのですが、そこの園児たちがとにかくすごい。卒業するころには全員が逆立ち歩きして、バク転して、漢字が読めて、それを英語に訳せて、足し算引き算、さらには掛け算までこなしてしまう。

まさに天才キッズたちです。

そんな保育園をつくった田中理事長と出会ったきっかけは、「予祝《よしゅく》」という日本古来の成功法則を広めている大嶋啓介さんが主催するパーティーで紹介されたことでした。

テレビでそんな保育園があるということは聞いたことがありましたから、お会いした当初から、非常に興味を持ちました。

ただ、実際にお話を聞くまで、私は正直なところ、こういうふうに思っていました。

「きっと、スパルタで大変なんだろうな……」

そのパーティーの際に、せっかくの縁だからどう教育をしているのか尋ねたところ、衝撃の回答がありました。

「**天才キッズクラブの教育方針は、やらせない、教えない、無理強いしない。スパルタの真逆なんです。**子どもたちが自発的に逆立ち歩きとか、文字を覚えたりしています」

これにはびっくり。なんでそんなことができるんでしょうか。

もっと深掘りして聞いたところ、こんな答えがありました。

「大事なことは楽しいことなんですよ。楽しいことは自分からがんばります。だから天才キッズクラブで大事にしていることは、1に楽しく2に楽しく、3・4がなくて、5に楽しくなんです。

ただ、子どもに『楽しくやりなさい！』と言っても聞きません。

大事なことは、大人が楽しんでいること。大人が楽しそうにしているのを見る

と、**子どもたちも楽しくやるんです。**

「だからまずは教えている先生方が楽しく過ごせるように園をつくっています」

まさに目から鱗でした。

「夢中は努力に勝る」という格言もありますが、楽しいことはだれでも好きになります。

好きになるから言わなくても行動するし、どんどん上達するのです。

人は楽しいことなら自然に学ぶようになる

これは人材教育のもっとも大事なポイントでしょう。

たとえば多くの人が困ってしまうのは、先輩後輩の関係だと思います。

入社して数年も経てば、後輩が入ってきます。

どうすれば後輩が成長していくのか、言うことを聞いてくれるのか、ちゃんと報連相をしてくれるのか、など悩みが尽きません。

「楽しいことは自発的にやる」というのは、そうした悩みに対する答えの1つだと思います。

活気のない職場は、なにしろ仕事がつまらない。

楽しくする努力もしていない。

仕事とは苦役《くえき》、罰ゲームのようなものと思ってやっているのです。

少しでもサボりたいし、やらないで済むならやりたくない。それでは仕事のモチベーションも上がりませんし、集中力だって欠けてしまいます。

どうすれば楽しく働けるのか？

どんな人間関係なら互いに楽しく過ごすことができるのか？

そう考えながら職場環境をつくっていけば、人の能力はどんどん上がっていきます。

楽しいを大事にすれば、無理に仕事を教える必要だってなくなります。

「自学自習」という言葉がありますが、この勉強スタイルがいちばん効果的です。先生に教えてもらって学ぶことも大切ですが、先生に教えてもらっている間しか勉強しなかったら、身につくものも身につきません。

ちゃんと自分で学ぶことが必要なんです。

あなたがなにか人に教えなければならないとき、思い出してみてください。教えない、やらせない、無理強いしないやり方で、天才が育っているという事実を。

POINT／

後輩を指導するなら、まずは楽しさを感じられる環境づくりから

信用を安易にお金に換えるな

「クラウドファンディングを始めたので、お金を出してもらえませんか?」

こんな相談が、最近よく来ます。

一時ほどのブームではなくなったような感じもしますが、それでも一定数のクラウドファンディング利用者がいます。

私もおもしろいクラウドファンディングがあるとお金を出し、その商品を手に入れたりしています。

クラウドファンディングとは、インターネットを介して不特定多数の人々から少額ずつ資金を調達する方法です。あなたもなにか商売を始めるときにクラウドファンディングでお金を集めるのは、効果的な方法の1つでしょう。

しかしこのクラウドファンディングから、今の時代でなにが大事なのかを考える必要があると思います。

今の世の中はお金を持つことよりも、「信用を持つ」ということのほうが価値が高いです。

キングコングの西野亮廣《あきひろ》さんがわかりやすいでしょう。

彼がクラウドファンディングをすると、多くのお金が集まります。

もちろん、西野さんも全員に好かれているわけではないでしょう。しかしある一定数のコアなファンがいることはたしかです。

そのコアなファン、言い方を変えれば信用度が高いファンの人たちは、「西野さんがやることならおもしろいはずだ」とお金を出すわけです。同じことをやっても、西野さんでなければあれほどのお金は集まらないでしょう。

信用はお金に換えるとどんどん減っていく

この「○○さんのやることならおもしろいはずだ」というお金の集め方は、信用をお金に換えて、お金を集める方法です。

信用をお金に換えているので、換えた分だけ、信用度は下がっていきます。

どういうことかというと、

「岡崎さん、クラウドファンディングを始めたから、お金を出してくれない？」

なんてことを繰り返していると、どんどん人が離れてしまうわけです。

そりゃそうです。ちょっと付き合いがあるだけで何回もお金を出してくれと言われたら、たまったもんじゃありません。

だから、頻繁《ひんぱん》に信用をお金に換えてしまっていると、長続きしない人間関係になってしまうのです。

理想的なのは信用をお金に換えるのではなく、「信用からお金を生み出す」ことです。信用をお金に換えることと、信用からお金を生み出すという概念はまったく別物です。

たとえばクラウドファンディングの例であれば、「○○さんがやっているから」という導入理由は問題ありません。

大事なのはここから。実際のサービスを見たときに、「**このサービスなら○○**

さんでなかったとしても出資しますよ」と言われるのが理想的です。

こうなると、元々の信用を土台にして、さらに信用を得て、お金まで出してもらうことができるのです。

オンラインサロンもわかりやすい例でしょう。

オンラインサロンとは、月会費で非公開のグループをつくり、そのなかで情報やサービスを提供していく仕組みです。

提供されている情報やサービスが満足いくものであれば、継続して参加してもらえます。

またオンラインサロンでおもしろいのは、継続していくと過去の記事まですべて読めるので、サロンとしての価値がどんどん上がっていくことです。

これはなにも、オンラインサロンだけの話ではありません。似たような取り組みは飲食店でもおこなわれています。

先日もある飲食店に行ったところ、月額5000円で何回来ても飲み放題というサービスをやっていました。

月5000円で何回でも飲めるわけですから、満足度が高い。さらに食事もおいしいので、＋αで売り上げが上がっていく。よく考えられた仕組みだと思います。

いままでは焼き肉店や、ラーメン店などでもこのサブスクリプション、定額制サービスをおこなっているところがいくつもあります。

あなたも自分の信用を積み重ねながら、お金を生み出す仕組みを考えてみてはいかがですか？

POINT／

信用からお金をつくり出す方法を考えてみる

人間関係にダイバーシティーは必要ない

少子高齢社会の日本において、ダイバーシティー（多様性）は今まさに考えなければならない重要課題の1つ。

多くの人は、そのように思っているのではないでしょうか？

たしかに日本の労働人口が減り、海外からの労働力を受け入れていかなければならない、そんな状況において、ダイバーシティーを受け入れて働くこと、人間関係をつくっていくことは重要なことのように感じます。

しかしこれは、本当に正しいことなのでしょうか？

落合陽一氏の著書『日本再興戦略』でも論じられていましたが、そもそも少子高齢化が経済の衰退につながるという考え方は甚《はなは》だ疑問です。**人間の代わりの労働力、つまりロボットやＡＩが発展している今、果たして本当にそれほど人間という労働力が必要でしょうか。**

たとえば新型コロナの影響もあるのか、都内のコンビニエンスストアでは無人レジがドンドン増えています。

経営者目線で言わせていただくと、人件費ほど高いものはありません。無人でできるならそれに越したことはない。

さらに、無人なら外国人のお客様への対応も簡単です。世界中のほとんどの言語に翻訳可能でしょうから、無人レジのシステムであれば外国人の受け入れも問題ありません。

そう考えると、できれば全部無人レジにしたい。普通の経営者ならそう考えるでしょう。このままいくと、「有人のレジでのお支払いの場合、商品が割高になります」なんていうお店も出てくるのではないでしょうか。

またアマゾンの取り組みで、レジすらないコンビニが出現しだしています。目の前にある商品をカゴに入れると、アマゾンのカートのなかに入れられる。それを袋に詰めて店を出ると、自動的に決済がされる。

人の手ですることは商品の補充だけ。こんなサービスがすでにできあがってきているのです。

このサービスのすばらしいところは、だれがなにを買ったかが完全に管理されており、もし間違った行動、つまり万引き等をおこなった場合、その人のアカウントが停止されて、ほかの店でも買い物ができなくなるという点です。だから、強制的に正しい行動をとるようになります。

合理的に考えて、こういったサービスが一般化していくことは明らかでしょう。人は便利な方向に動くからです。

ダイバーシティーが手段ではなく目的化していないか

こういった世の中の流れを考えたときに、**無理に海外からの労働者をたくさん受け入れて、多様性を駆使しようとするのは間違い**だと思います。

必要があれば多様性、ダイバーシティー化していくことが大事でしょうが、ダイバーシティーが大事だからと、「ダイバーシティーのためのダイバーシティー」をする必要はないのです。

これは人付き合いも一緒です。

ダイバーシティーが大事だと、一生懸命に海外の人と仲良くしようとする人がいます。仲がいいことは悪くないですが、そんな暇があるなら、自分をもっと高めるために時間とお金と労力を使ったほうがいいような人もいます。

外国人の友人がいることと、あなたの価値が高いかどうかは別問題なのです。

またダイバーシティーの延長線上でよく出てくるのが「ティール組織」という言葉です。これからの組織のあり方として注目されましたが、これにも疑問です。

ティール組織とは、階層構造でなく、みんなが平等に意思決定できる組織です。上下関係がなく、上司が部下を管理することもない。全員がリーダーシップを発揮してチームビルディングしていく仕組みです。

たしかに聞こえはいいですし、若い人が好みそうな話です。

しかし、十分な経験がないなかで好き勝手に意思決定されてしまっては、組織はぐちゃぐちゃになり、方向性を整えることはできません。

ティール組織の前提は、「全員が目的を完全に理解し、共有していること」と「全員に目的を遂行するための業務遂行能力とリーダー意識があること」です。

自分の意見を認めてほしい、みんな平等でいたい、という思いがあるのでしょうが、「なんちゃってティール組織」がいかに多いことか……あくまでダイバーシティーは手段であって、目的ではないのです。

多様性を受け入れられる人物になることは大切だと思いますが、**無理にダイバーシティーの波に流されて、自分を見失うくらいなら、一旦ダイバーシティーなんて忘れて、本当は自分がなにをしたいのか、整理してみてはいかがでしょうか。**

POINT

流行りの用語が本当に自分に必要か問い直す

なにが正義なのか考えることに意味はない

「岡崎さん！　僕のほうが正しいんです！」

「いやいや、私のほうが正しいに決まってます！」

この手の会話に巻き込まれることほど、面倒なものはないでしょう。

ことの発端は「社内メールは挨拶文から始めるべきか」ということでした。

1人は挨拶文から始めるべき。なぜなら相手に不快な思いをさせず円滑に仕事をするため。

もう1人は挨拶文から始めるべきでない。なぜなら相手に無駄な時間を取らせてしまうから。

そういえば、どこの会社か忘れましたが、社内メールでは挨拶文は無駄なので禁止にしたという内容を、本で読んだことがあります。

「へ〜、そんな会社もあるんだ」くらいで読み流していたのですが、実際にそんなことを気にする人がいるとは驚きでした。


あなたはどちらが正しいと思いますか？

個人的には「挨拶くらい書いてもいいじゃん」と思います。

ただ、「しないほうがいい」という意見にも一理はあるので、間違っていると は言い難いでしょう。

だから、どちらも正しいというのが結論だと思います。

なにが正義なのかは人や状況によって変わる

人間関係で困る原因の1つに、「正しさ」「正義」の問題があるでしょう。

人間関係が壊れる原因は、ほとんどが、この〝正しさの違い〟によるものと言っても過言ではありません。

自分の正しさをにぎりしめて、人を攻撃し、大切な人間関係を壊してしまう。

そんなことがいっぱいあるんです。

正義とはなんなのか？

そのことをよく考えさせられる問題があります。1967年、哲学者フィリッパ・フットが発表した思考実験「**トロッコ問題**」です。


線路を走っていたトロッコが制御不能になってしまいました。

このままでは前方で作業中の5人が轢《ひ》き殺されてしまうことが確定しています。

このときあなたは線路の分岐器の側にいます。

電車の進路を切り替えれば5人は助かる。しかし、別線路の先では1人が作業しており、切り替えれば5人の代わりに1人が犠牲になってしまいます。

あなたは別線路にトロッコを引き込むか、否か？

より多くの人を救うことが大事なら、進路を変えるべきでしょう。

しかし、進路を変えるという判断をすることで、自分の選択によって1人の人を殺してしまうことになります。

なにもしなければ、不運な事故で予定通り5人の人が亡くなってしまう……。

さらに問題を複雑にしましょう。

このトロッコの運転手があなたで、遠隔操作で進路を変えられるのであればどうしますか？

またこうも考えられます。

その1人の作業員が、もしあなたがもっとも大事にしている人（恋人や親兄弟、子ども）ならどうでしょう？

1人でも多くの人を助けたいという考え方も正解でしょう。また自分にとって大切な人を助けたいというのも正解です。

また、「自分の選択で人の運命に影響を与えたくない、だからなにもしない」という人もいるでしょう。

この問題の正解はなにか？

そんなものは存在しません。

どの選択にも正しさがあり、優劣がつけられるものではないのです。

要は「**自分が大事にしたいことはなにか？**」ただそれだけなのです。正義なんてものは人や状況によってコロコロ変わるし、自分の正義だけが正しいと思って人に押しつけてはいけないのです。

自分が大事にしたいことが、全員にとって本当に正しいことかなんてわかりません。

だれにとっても正しい選択なんてこの世の中には存在しないのです。画一化された正義なんてない。

自分の正しさも、人と違うことがあるし、状況によっても変わってくる。そのことを前提に、人間関係をつくっていく。

もしかしたら自分の考えが間違っているのかもしれない、そう一回立ち止まって、相手の話を否定せずに、そのまま受け入れてみる努力が大事でしょう。

POINT／

自分と異なる意見も、違う正義なのかもしれないと受け入れてみる

他人と比較するのはやめなさい

第4章

- ▷ 夢はもっと気軽に考えていい
- ▷ 他人と比較して幸せを決めてはいけない
- ▷ 目標はコロコロ変えていい
- ▷ 意識なんて高いほうがいいに決まってる

夢はもっと
気軽に考えていい

「岡崎さんの夢ってなんですか？」

正直、私にはこの質問がいちばんキツい。目標はあるけど、夢なんて持ってないというのが本音だからです。

夢を持っている人が正解で、夢を持っていないとダメ。なんとなくそんな風潮を感じるのは私だけでしょうか？

もちろん、夢がないよりも、夢があったほうがいいとは思います。

子どもに夢はなにかと聞いて、

「夢なんか持ってないですよ。無難に大人になって無駄に歳を取って、人知れず死んでいけばいい」

こんなふうに答える子がいたら、さすがに私も、

「せっかくだから夢を持ちなよ。君には可能性がある。いくらだってなんだってできるようになる可能性があるんだから」

とアドバイスすると思います。

子どもにそうアドバイスするわけですから、言っている自分だって、アドバイスどおりにしたほうがいいでしょう。

だから、大人だって夢がないよりは、あったほうがいい。これは間違いないと思います。

そう考えてみると、夢を持っている人が正解で、夢を持っていない人は不正解と考えてしまう人がいるのもわからなくはないです。

「夢＝叶うのが難しいもの」という呪縛

でも、僕はこう思います。

いいんですよ、夢がなくたって。

夢というと、プロ野球選手になるとか、人気ユーチューバーになるとか、アーティストになるとか、難しいことばかり考えます。

頭のなかのどこかに、おそらくこういう方程式があるんでしょう。

「夢　＝　叶うのが難しいこと」

夢を難しく考えすぎるから、高尚《こうしょう》すぎる夢に押しつぶされて、あきらめることを覚えてしまうのです。

たとえばプロ野球選手になるという夢。プロ野球選手になれる人なんて一握りで、とてもじゃないですが、だれでもなれるものではありません。

だから子どものときに描いた夢は残念ながら叶わないままになってしまいます。

そこで、今度は資格を取ろうと思う。せっかく取るなら役に立つ、レベルの高いものがほしい。公認会計士や、弁護士はどうだろう？　ドラマのなかの弁護士はかっこよく、憧れる。

パイロットもいいかもしれない。

空を飛び、世界中を回る。仕事をしながら、世界各国を回れるなんて、こんな素晴らしいことはないじゃないか！

しかしいざそれを目指すと、資格試験は難しく、また取得にかかるコストは高いもの。そうやってまたあきらめ、気がつけば、あきらめた夢が山になって自分の背後に積み重なることになります。

こんな経験を繰り返しているから、「夢はあきらめて当たり前」という前提ができてしまうものです。

さらにタチが悪いのは、**世の中には「ドリームキラー」が多い**ということ。ドリームキラーとは、人の夢をつぶしてくる人たちのことです。

「ムリムリ、どうせできないよ」
「あきらめたほうがいいよ」
「傷つかないほうがいいじゃん」
「現実的じゃないよね」

などと、自分の都合を、あたかも「あなたのために」というように押しつけてくる。

こういう人たちの前提は、「自分にできないんだから、あなたにだってできるはずがない」ということです。

夢が叶う体験を繰り返してみる

あなたの人生を、あなた以外の人の尺度で決めてはいけません。

ポジティブな影響を受けるならまだいいですが、ネガティブな、あきらめる方向に引っ張られる影響は、受けるべきではないでしょう。

前述していますが、「いい人たちと付き合うこと」「付き合う人を選ぶこと」は、社会人になったら、しなければならないことの1つです。

あきらめ癖がついてしまった夢。夢を持ってもどうせ叶わないでしょうという前提。これを簡単には直すことはできないでしょう。

だから夢の定義を再設定すればいいのです。

多くの人は「夢」というと難度が高い目標や、抽象度の高いものを考えます。

極端に言えば、「世界平和」のようなものです。

でも、世界平和なんて個人の力で簡単にできるものではありません。そんな難度の高い夢を掲げてしまったら、あきらめてもしょうがない節もあるでしょう。

もっと身近なものを夢として再設定したらいいのです。

「夢　＝　叶うのが難しいこと」

ではなく、

「夢　＝　簡単に考えていいもの」

と再設定するのです。

たとえば、今日のお昼ご飯はなにを食べたいですか？

「ソバがいいかな」「トンカツかな」「パスタがいい」「どこそこの定食がおいしいよね」

これだって立派な夢です。
まだ起こっていない出来事、これから起こしたいと思うこと、そのすべてが夢だと思えば、夢はもっと身近なものになります。

人間は繰り返し使った力が強くなるものです。

夢を描くことを繰り返し、描いた夢を叶えることを繰り返せば、夢を描く力、形にする力がついていきます。
大きな夢を描けないという人は、もっと夢を身近なものにしていきましょう。難度の高すぎる夢があなたにあきらめ癖をつけさせているかもしれません。
夢なんて難しく考えたら負けなのです。

POINT／
すぐに実現できることを「夢」にしてみる

他人と比較して
幸せを
決めてはいけない

夢を描くときにやりがちなのが、他人との比較です。

あの人が羨《うらや》ましい、この人が羨ましい……みんなが持っているものは持っていないといけないし、やってないことがあってもいけない。

つい、そう考えてしまってはいないでしょうか。

「海外に行っている人が多いから、自分も行きたい。ウェディングは海外挙式？　羨ましい！　私だって海外で挙式したい。婚前旅行でハワイに行って撮ってきた写真を使って結婚式の二次会。幸せそう……」

「なぜあいつが出世していて俺はまだなの？　同時期に入って人事査定が違う。そりゃあ、あいつのほうががんばってたかもしれないけど、自分にはがんばれるほどのチャンスもなかったし。そもそも上司が違う。

あいつは上司に恵まれて、自分は恵まれてなかった。なにかしようとしてもすぐに反対されるばかり。

起業したらいいって？　たしかにそういうやつもいるし、実際にうまくいってる人もいる。そういえば大学時代の友人。独立してうまくやってるらしい……」

「あの人の持っているカバン。流行《はや》りのブランド、しかも最新じゃない！　聞いたら日本ではまだ売ってないものを手に入れることができたって。ブランドものくらいは持っているけど、使い込んで、古びてきた。いいな、私も新しいのがほしい……」

だいたいこんな感じで考えて、「よし、海外に行こう！」「独立してみよう！」「ブランドものを買おう！」なんて考えたりするのです。

もちろん、それがモチベーションになってがんばれるなら、それも悪くないでしょう。

しかし残念ながら、**他人を軸にしたがんばり方は、だいたい途中で息切れしてしまいます。**

羨ましい相手も
じつは苦しんでいるかもしれない

「隣の芝は青い」とはよく言ったものです。

実際、青いし、綺麗《きれい》だし、魅力的に見えます。

でも、**じつは本人からしたら、まったく望ましい状況でなかったなんてこともあります。**ただ見栄《みえ》をはってしまった手前、それを続けなくてはならなくなって、苦しんでいるだけかもしれません。

たとえば婚前旅行でハワイへ行ってウェディング写真を撮っている裏側で、2人の大喧嘩があるかもしれない。

「おいおい、いい加減にしてくれよ。またこんなポーズして撮らなきゃいけないの？　この暑いなか、タキシードを着るって……。写真が気に食わないから何度も撮り直し？　そんな大して変わってないだろ。こんなことなら日本で撮っときゃよかった……」

最新のブランドものを一生懸命に集めている人だって、

「みんなにオシャレだって言われて、いつも新しいものを探してなきゃいけない。ブランドものは当たり前だけど安くない。ほかをいっぱい我慢しないといけない。メンテナンスだって大変だし、しまうところももうない。こんなんじゃ、家に人を入れることもできないよ……」

こんなふうに考えている場合だってあるんです。

他人との比較で自分の幸せを決めると、上には上がいるから疲れます。

しかもマウンティングしてくる人は、結局嫌われます。

人より幸せに、人より豊かに、人より賢く……こんなふうにマウンティングマウンテンの頂点を目指して生きていっても、頂上に登ったら孤独なクライマーになって終わりです。だれも自分の周りにいてくれませんから。

孤独の頂《いただき》に立っても、いいことはありません。人より幸せであろうなんて考えなくていいのです。

幸せは、自分軸で決めたらいいのです。その自分軸に合わせた幸せを夢の形にしてみたらどうでしょう。

自分より幸せそうな人を見て羨むのは、もうやめましょう。じつは、逆に向こうはあなたを羨んでいたりするものです。

自分の幸せは自分で決める。

その生き方がいちばん幸せなんじゃないでしょうか。

POINT

他人軸ではなく、自分軸で幸せを決める

目標は
コロコロ変えていい

夢を抱いている人へのよくあるアドバイスに「初心忘れるべからず」があります。始めたときの志《こころざし》と情熱を持ち続けなさい、あきらめてはいけない、形になるまでやり続けなさい……というものですね。

たしかに「あほの一念岩をも通す」とも言いますから、一生懸命にあほになって、やり続けたほうがいい場合もあるんでしょう。

ちなみにこの言葉、「虚仮《こけ》の一念岩をも通す」が正しい使い方です。虚仮というのは「愚か者」という意味。愚か者でも辛抱強く一途《いちず》に取り組めば、どんなことも成就《じょうじゅ》する、という意味です。

しかし「初心忘れるべからず」は、本当でしょうか？

世の中にはいろいろな経営者がいますが、最初に描いた夢をずーっと持ち続けて成功している人なんて、ごくわずかです。途中で自分の夢やビジョンを変えていく人のほうが多いです。

たとえばあなたが子どものときに描いた夢。野球選手やサッカー選手だったかもしれない。お花屋さんを開くなんて人もいたかもしれないですね。

「初心を忘れてはいけない」と、その夢を40歳過ぎても続けているとしたら、どんなことが起きるでしょうか？

お花屋さんならまだしも、プロ野球選手を目指すとなると、今から始めるにしてはちょっと遅すぎる。まったく現実的な夢ではないでしょう。

でも、この夢ならどうでしょうか。

「プロ野球球団を持つ」

これなら実現できるかもしれません。もちろんプロ野球球団を持つなんて夢はかなり大きいので、もう少し現実的に、アマチュア野球チームをつくる方法はあるでしょう。

こんなふうに、**最初は「プロ野球選手になりたい」だった夢も、歳を重ね、現実的にどんな夢が適切なのか、修正をしていくのが普通です。**

第3章でも少しご紹介した大嶋啓介さんは、私の尊敬している経営者の1人ですが、大嶋さんの子どものときの夢は「甲子園に出ること」だったといいます。

しかし、残念ながら出ることはできませんでした。

その代わりに、大嶋さんは今、メンタルトレーナーとして数多くの高校を甲子園へと送っています。彼が推奨している「予祝」を取り入れているプロ野球球団もあるというからすごいです。

甲子園に出るという夢は叶わずとも、甲子園やプロ野球に関わることはできているのです。

起業する場合も
モチベーションは変わり続ける

起業も一緒です。私の場合、とにかくお金を稼ぎたいと思って起業しました。もう13年も経ちますが、「お金を稼ぎたい」というだけの理由でここまでがんばり続けられたかというと、そんなことありません。

お金を稼ぐことだけを目的にしたら、年収で2～3000万円も稼げば事足ります。ほかに新しい理由ができていかなければ、13年も続けられません。

仲間の成長のためにがんばった時期もあります。お客様の喜びのためにがんばった時期もあります。そして今は、講演活動を通して、日本の学びを楽しくするために、自分の看板で勝負できる人を増やすためにがんばってます。

だから「今の岡崎の仕事ってなに?」と聞かれたら、「人財育成の仕事です」と答えるようにしています。

夢は変わり続けるものです。初志貫徹なんてしなくていいのです。 むしろ初志貫徹にこだわって柔軟性を失ったら、結果的に人生はどんどん息苦しいものになってしまいます。

たとえ三日坊主でも
やらないよりはずっとマシ

「三日坊主」という言葉もありますね。三日坊主ですぐやめるなんて恰好悪い、それならそもそもやらないほうがよい、などとあなたは思っているかもしれません。しかし、私はそう思いません。

三日坊主でも、やったほうがいいに決まってます。やる前からあきらめた人より、三日坊主でもいいから挑戦した人のほうが価値が高いです。

いいじゃないですか。三日坊主、最高です。

夢なんてコロコロ変わればいい。三日坊主でもやったらいい。結果的に三日坊主でいいから全力でやってみるんです。

全力でやった結果やめたのなら、全然ダサくありません。笑いたい奴には笑わせておけばいい。鬱陶《うっとう》しいけれど、大した問題にはなりません。

そんなふうに思ってまず行動してみてはいかがですか？

POINT

夢は自分の状況に合わせて柔軟に変えていく

意識なんて
高いほうがいいに
決まってる

セミナーや講演会に参加していると、たまにこんなことを言われる人がいるそうです。

「意識高い系じゃね？」

どうやら世の中では「意識高い系」という言葉が批判的な意味で使われることが多いようです。

たしかに、いろいろ勉強して意識が高くなった結果なのか、高飛車《たかびしゃ》だったり、言い方が偉そうで腹が立つ人もいます。そういう人は揶揄《やゆ》されてもしょうがないかもしれません。でも、実際は世の中そんな人ばかりじゃありません。

意識は高いほうがいいに決まっています。

おそらく、意識高い系をバカにする人は、学ぶことや努力することよりも、「楽しいこと」を優先したいのでしょう。

たしかに先述して、「夢中は努力に勝る」という言葉をご紹介しました。

夢中になるくらい楽しく、好きなことはいくらでもがんばれます。

好きになって、おもしろくなっていくと、人に言われなくたってどんどん努力したくなるものです。

あなたも、好きでしょうがなくて、楽しくてしょうがなくて、気がつけば時間が一気に経ってしまっていた経験が一度くらいあるのではないでしょうか。スポーツでもゲームでも、なんでもかまいません。親に、「あんた、ご飯よー！」と呼ばれても、「今はいらない！」などと答えるような経験です。

好きで、楽しくできることは「努力させられている」などという気持ちにさせません。だから、好きになることが、なにか新しいことを身につけるためにいちばん効果的な方法でしょう。

すべての行動と結果は1つの「思い」から始まる

ただ、第1章で述べたように、「好きなこと」だけやっていても、人生は豊かにはなりません。**本当に人生を豊かにしている人たちは、将来の役に立つことを楽しくやっているのです。**

できないうちは何事もつまらないものです。

でも、そのできない状態を乗り越えると楽しくなってくる。それを知っている人たちが、人生を豊かにしていきます。

だから、たとえ「意識高い系だ」と揶揄されることがあっても、気にせず将来のための努力をしてください。

最初は「思い」ありきなのです。

思いの種をまき、行動を刈り取り、行動の種をまいて習慣を刈り取る。
習慣の種をまき、人格を刈り取り、人格の種をまいて人生を刈り取る。

サミュエル・スマイルズ

思考に気をつけなさい、それはいつか言葉になるから。
言葉に気をつけなさい、それはいつか行動になるから。
行動に気をつけなさい、それはいつか習慣になるから。
習慣に気をつけなさい、それはいつか性格になるから。
性格に気をつけなさい、それはいつか運命になるから。

マザー・テレサ

最初のスタートは「思うこと」。

その「思い」の部分の意識が低かったら、行動のレベルも低くなりますし、低いレベルで行動していたら、結果だって大したものにならないでしょう。

意識を高く保つためにできる3つの方法

では、どうすればより高い意識を保つことができるでしょうか。

いくつかコツをご紹介します。

①意識が低い人とは付き合わない

人間は一緒にいる人の影響を受けます。「意識が低いなぁ」「自分をマイナスの方向にもっていくなぁ」と感じる人たちとは、付き合わないようにするのがいちばんです。

意識が低い人たちと付き合わないと決めるだけで、かなり時間もできますし、心に余裕ができます。

1人で浮いてしまいそうで怖い？

なにもそんな狭いコミュニティーのなかで、自分の居場所を決めなくてもいいのです。

縁を切る必要はありませんが、仲良くする必要もありません。

②セミナーに参加する

セミナーに参加すると、意識の高い人たちがたくさんいます。わざわざ時間とお金を使って学ぼうという人たちが来るわけですから、当然です。

ちなみに、セミナーでいちばん意識が高い人はだれだかわかりますか？　それは講師です。ですから、セミナー講師と仲良くなる努力をしてみましょう。

セミナー講師と仲良くなるいい方法は、セミナーを積極的な姿勢で聞くこと。講師は、300人ぐらいの講座でも、全員の顔がよく見えています。参加者がいっぱいいるからと油断している人もいますが、ちゃんと見えていますよ。

そして、できれば前のほうの席に座りましょう。集中して聞けて、自分の学びの効果も高いですし、セミナー講師に覚えてもらえる可能性も高くなります。せっかく時間とお金をかけて参加するなら、積極的に参加しましょう。

③読書をする

読書というのは著者との対話です。本は著者の人生の集大成です。一人の人生を1500円くらいで読めるなら、こんな安くて効果的なツールはないでしょう。

個人的には、図書館で本を借りるのはお勧めしません。線を引くこともできないし、ページを折ることもできない。自分で買った本のほうが、自由に使えて勉強効果も高いです。

そして、中古品ではなく新品を買いましょう。そのほうがちゃんと読みます。

私が書籍を新品で買うのは、著者に印税を払いたいからという意味もあります。これは書籍に限ったことではありませんが、著作者にお金が行くのは大事だと思っています。それがなければ、継続した創作活動はできないですから。音楽も、映画も、全部そうです。

努力している人にお金が行くことはよいこと。そう考えるのも意識が高い人になるための一歩です。

POINT／

行動を結果に結びつけるために、意識は高く保つ

セルフ
ブランディング
なんてやめなさい

第5章

- ▷ 欠点は隠さず自分の魅力に変えろ
- ▷ セルフブランディングはやめてしまえ
- ▷ ライバルなんてつくってはいけない
- ▷ プロセスよりも「結果」にこだわれ
- ▷ 「若さ」を言い訳に使うな
- ▷ 先が見えないからこそ人生はおもしろい

欠点は隠さず自分の魅力に変えろ

「岡崎さん、ダイエットしましょう。仕事ができる人はみんな痩《や》せているっていうじゃないですか」

こう言われることもありますが、**「太っている人は仕事ができない」というのが本当なのか、個人的には懐疑的です。**

自分の体を管理できない人は仕事の管理もできないなどと言われますが、数字や情報にはマジックがあって、都合のいいデータの取り方をすれば、いくらでもまことしやかな事実のように見せることはできます。

冷静に考えてみてください。あなたの会社で仕事ができる人は、一人残らず全員痩せているでしょうか？　少なくとも、私の周りではそんなことありません。著者仲間も多いですが、意外と太っている人もちらほらいます。私もダイエット失敗のプロですから、決して痩せているほうとはいえないでしょう。

もちろん、健康的であったほうがいいのはたしかです。ただ、体を鍛えている人のほうが自己管理能力が高いとか、生産性が高いとか、その手の情報まで本当に正しいのかは疑問です。

それに、多少太っていたほうが優しそうに見えて、仕事にプラスになるなんて言う人だっています。体形の良し悪しも、人それぞれです。

「太っている＝欠点」ではありません。見せ方次第で魅力になるんです。


そもそも、多くの人は欠点を「欠けている点」だと思っています。

でもその認識が間違いです。**欠点とは欠けている点ではなく、「欠かせない点」です。**本当はそこにその人の魅力が隠れていたりします。

たとえばマンガ『ＯＮＥ ＰＩＥＣＥ』の主人公ルフィ。もし彼が能天気でなかったらどうでしょう？

「あそこに島があるぞ！　行くか？　いや、ちょっと待て。危ないかもしれない。まずはちゃんと調査しよう。計画性も大事だし、リスクヘッジする必要もある。今回の調査担当はゾロとサンジ。２人に頼む……」

ぜんぜん魅力的ではないですよね。

欠点を隠すことにエネルギーを使うのではなく、欠点を魅力的にするためにエネルギーを使いましょう。 欠点にはその人の魅力が隠れているのです。

こんなふうに考えてみてはいかがでしょうか。

人の目ばかり気にしてしまう　↓　慎重に物事を進められる
すぐに怒る　↓　正義感が強い
あきらめるのが早い　↓　切り替えが早く新しいことに挑戦できる
話を盛ってしまう　↓　物事を大きく考えられる

欠けていると思っていた点も、こう考えたら魅力ではないでしょうか。

あなたの魅力は、じつは「欠けている点」のなかにあるかもしれません。

POINT／
自分の欠点を魅力に変えるための努力をする

セルフブランディングは
やめてしまえ

２０２０年５月、女子プロレスラーの木村花さんが自殺するというニュースがありました。ＳＮＳの誹謗中傷《ひぼうちゅうしょう》が、自殺の原因であるとされています。

顔が見えないインターネットの世界で、好き勝手にものを言う人たちは少なくありません。

自分の素性を隠して他人の悪口を言う人間は、いちばんダサいです。

正しいことを言っている自信があるなら、少なくとも自分の素性を明らかにするのは当然でしょう。

このニュースの顛末《てんまつ》は、あまりにお粗末なものでした。ツイッターなどで木村さんを誹謗中傷していた人たちが、続々と自分のアカウントを閉じていったのです。自分のアカウントを閉じて身を隠すということは、「言っちゃいけないことを言っている」という自覚があったということでしょう。

ちなみに、こういったアカウントは、たとえ消しても、本気で調べればちゃんと身元を知ることができます。ひどい場合は訴えられることもある。他人を誹謗中傷する場合は、それだけの覚悟を持つ必要があるのです。

セルフブランディングは自分をよく見せる欺瞞

これはツイッターなどSNSだけの話ではありません。

たとえばアマゾンや「食べログ」などのレビューでも、匿名であるのをいいことに、好き勝手を書き込む人がたくさんいます。

以前、私の出していたお店なども、「食事もサービスもよかったが、待ち時間が長かった」という理由で低評価をつけられたことがあります。行列ができているのだから、待ち時間が長いのは当たり前だと思うのですが……。

こちらは商売でやっていますから、こんな理由で評価を下げられていたらたまりません。

アマゾンレビューでも、本の内容と関係ないことを書いて、低評価をしてくる人がいます。

こうしたことが起こるのは、もちろんネットの匿名性に理由があると思うのですが、じつはもう1つ、**「セルフブランディング」という言葉で、偽《いつわ》りの自分を演出するのが当たり前になっていることが影響している**ように思います。はっきりと言ってしまえば、ウソをついたり、虚勢を張ることに慣れてしまっているのです。

たとえば写真を撮るときも、いろいろな加工を駆使して実物とまったく違うものにするのは、もはや当たり前のことになっています。

経歴や自分の実績を誇張することもよくあります。実際よりも大きく見せることに抵抗感がなくなっている人が増えているように感じます。

人間は、ふだんやっていることが癖になるものです。悪気がないことでも、偽ることを繰り返したら、偽ることが癖になるのです。

もっと、等身大で生きていくべきではないでしょうか。自分の今の魅力で勝負したらいいと思うのです。

頭がよさそうなフリ、結果を出していそうなフリ、人脈が多そうなフリ……なんでもかんでもフリをしてないと生きていけないのは、むしろやっている本人にとってもストレスになっているのではないかと思います。

セルフブランディングという言葉を使うと恰好がいいですが、これは要するに自分を演出するということで、自分を実際よりもよく見せるということにほかなりません。

偽るためにエネルギーを使うより、セルフブランディングなんかしなくてもいいようにするためにエネルギーを使ったほうが有意義なはずです。

自分の価値観を明らかにして それを考え続ける

セルフブランディングをしなくてもいいようにするためには、自分のなかに軸を持つことが大切になります。

自分がなにを大事にするのか。どんな価値観、人生観で生きるのか。

こういったことを明確にするのは、簡単ではありません。

でも、ずっと考えなければいけないのです。自分にとって大事なことはなんなのかということを。

私は今年で41歳ですが、41歳なりの自分の軸は持っています。

でも、これだって何年かしたらまた変わっていくでしょう。

「自分はどんな軸を持って生きていくのか」ということにずっと向き合っていくのです。

人のことを攻撃したり、自分を偽って生きるところから卒業して、自分の軸を持って生きんといかんぜよ。

POINT／

ブランディングが必要ないように、自分の価値観を明確にする

ライバルなんてつくってはいけない

昔々、あるところにウサギと亀がいました。

あるとき彼らは勝負をすることになりました。

山のてっぺんまでどちらが早いか競争しよう、となったのです。

ご存じ、童話「ウサギと亀」です。

結果は皆さんご存じの通り、途中で寝てしまったウサギを亀が追い抜いてゴールします。


さて、ここで質問です、なぜウサギは亀に負けてしまったのでしょうか？

それは「視点」の違いです。

ウサギは「亀」を見ていました。相手との比較でがんばっています。だから相手よりも先行したら、それ以上はがんばりません。

しかし、亀はウサギなんて見ていませんでした。

亀が見ていたのは「ゴール」です。

だからウサギが遠く離れたところを走っていても気にしません。気にしているのは、ゴールに近づくことだけだからです。

2度目のレースに負けても悔しがらなかった亀

文字職人・杉浦誠司さんから聞いた話ですが、ウサギと亀の話には後日談があるそうです。

1度目の勝負に負けたウサギ。腹を立てて第2戦を挑みます。亀はそれに受けて立ちました。

当然ですが、2度目の勝負はウサギも気を許しません。

スタートしたと思ったらあっという間に山を駆け上り、ゴールしてしまいました。圧勝です。

「これで亀にリベンジできた。まぐれで勝って喜んでたろう。今度は亀の悔しい顔が見れるぞ!」

ウサギが、亀はさぞ悔しがるだろうとニタニタしていると、亀はうれしそうにゴールをしました。

悔しそうな顔が見られると思っていたウサギはびっくり。さらに腹を立てたウサギは、亀に聞きます。

「なんで負けたのにそんなうれしそうにしてるんだ！」

「だって、さっきよりタイムがよかったんだ。前を走るウサギくんがいてよかった、ありがとう！」

亀は、ウサギに勝とうとして走っていなかったのです。

目標に近づくこと、自分を成長させることのために走っていたのでした。

さて、あなたはウサギと亀、どちらのほうが魅力的だと思いますか？

私は、どんなに足が遅くても、自分と戦い続ける亀のほうがウサギより恰好いいと思います。

社会のレースでは、ついつい他人と比較ばかりしてしまいます。同期のあいつは自分より収入がいいとか、同級生は自分よりかっこいい仕事に就いているとか。他人より優位な自分でいることが、自分の存在を証す条件になっている人も多いのではないでしょうか。

でも、そんなことを気にしてると、「今の仕事はあくまでステップだ」などと言い訳をしてしまうようになるのです。

ライバルなんていないほうが自分の仕事に真剣になれる

「今の仕事はあくまでステップ。次の仕事では周りの人よりもいい仕事に就いて見返してやる！」

こんなことを言っている人がいたらダサいですよね。こういう考え方をしていると、手抜きをするようになりかねません。

残念ながら、そういう意識の人には、いつまでも次のステップになるような仕事はやってこないでしょう。

大きな仕事のチャンスは、目の前の仕事を真剣にやって、自分を磨いて、壁にぶつかりながらもがいている人のところにやってくるのです。

人生は全部本番。真剣勝負。今を真剣に生きる人にしか、おもしろい将来は待っていません。私はそう思います。

「岡崎くんのライバルはだれ？」などと聞かれますが、意味のない質問です。

私はライバルなんて考えません。**ライバルを気にしているということは、他人軸で生きているということです。**下手をしたら、「ライバルにできなかったから、自分にもできないかもしれない」なんて考えになりかねません。

ライバルなんて、いなくてもいいのです。

POINT／

ライバルはつくらず、自分を更新し続ける

プロセスよりも「結果」にこだわれ

社会人歴3年目の友人が相談を持ってきてくれました。彼の言い分はこうです。

「営業の仕事をしていますが、簡単に売れる商品ではありません。顧客リストも少ない。そんな状態で売り上げ目標を達成するなんて難しいですよ。だからプロセスも評価してほしいんです。どうしたら努力を認めてもらえるんでしょうか？」

努力と結果、どちらが大事でしょうか？

どちらも大事です。でも、どちらを大事にするかによって、自分がどのレベルまで行けるかが決まります。

経営者やプロと言われる人たちは「結果」だけを求められます。結果が出てないけれども評価してくれ、なんて言っても誰も受け入れてくれません。

結論を言うと、結果がすべてです。アマチュアだったらプロセスを大事にするだけで、結果が出なくてもいいでしょう。結果を求められていないからです。

プロは結果にこだわり、アマチュアは気分・感情・やり方にこだわります。プロとして生きていきたいのか、アマチュアとして生きていきたいのか、そこの違いでしょう。

「そうは言うけど、すぐ結果が出る仕事ばかりじゃないですよ」

そんな声も聞こえてきそうですが、それは大きな勘違いです。

プロは、プロセスをちゃんと「結果」にするのです。

たとえば営業の仕事は、たしかに高単価であるほど、すぐに結果は出ません。しかし、売れるまでのプロセスの数字はアピールできます。訪問回数は何件なのか、商品提案は何件できたのか、リスト取りを何件できたか、など。

売上という結果になっていなくても、プロセスを数字にできます。すぐに結果に出ない仕事であるなら、その数字は立派に結果として評価されるはずです。そしてその数字管理が適切であれば、必ず結果になっていくのです。

しかし、たまにですが、それでも結果が出ない場合もあります。

その原因は、「プロセスのつくり方」がそもそも間違っているのです。

なにをどうすれば結果になるのかがわからずに、闇雲《やみくも》に努力しても、当然ながら結果にはならないでしょう。

たとえばマンション販売をしている営業マンが一生懸命に学生さんのリスト取りをしても、ほとんど意味ありません（将来的には意味も出てくるでしょうが、待ち期間が長すぎます）。

プロセス管理して数字をつくっても結果にならないときは、プライドを捨てて、うまくいってる人に聞きましょう。「なにをどうすれば、結果になりますか？」と。

結果にプライドを持つのがプロ。結果にならないこだわりは脇に置くのがプロ。プロセスを見てくれと言うなら、そのプロセスも数字、結果にしてわかりやすく伝えられるようにするのもプロ。

あなたのプロ意識次第で、いくらでも自分を評価してもらうことができます。

POINT

プロセスまで含めて結果にする

「若さ」を言い訳に使うな

「若いからできない」「若いからできたんだ」と年齢を言い訳にする人がいます。

私が新卒で入った会社の最初の仕事は、コールセンターのオペレーター業務でした。当時の私は正直なところ「電話対応なんてアルバイトの仕事で、社員がするものじゃない」と思っていました。

でも、**与えられた仕事だからとにかくやり切ろうと一生懸命やって、おかげさまで同期のなかでは、かなり高評価をもらえました。**

嫌々やっていたのですが、本気でやっていると、おもしろいことが起こります。

「なんか数字がおかしいぞ……」

本気だと、いろんなことに気づいてしまうのです。

当時の会社は、ＫＰＩと言われる評価指標が曖昧《あいまい》で、計算式も、数値目標も、グチャグチャでした。評価指標がおかしいので、一生懸命がんばってもちゃんと評価されない環境だったのです。

そこで私は「この数字は絶対おかしいですよ」と周りに言って回りました。

入ったばかりの人間ですから、当然周りから「岡崎はなまいきだ」「あいつはめんどくさいぞ」と叩かれます（今振り返れば、もう少し違う言い方もあったと思いますが、当時の私にはそんな言い方しか思いつかなかったのです）。

しかし、捨てる神あれば、拾う神あり。当時の直属の課長だけは私を評価してくれ、一緒に飲みに行ったときにこう言ってくれました。

「岡ちゃん、好きなだけやりな。全部俺が、責任は取ってあげるから」

このときの課長はカッコよかったです。そこから、コールセンターの仕事を1年しかやっていない「ど素人」が、システムを調べ、数字の計算方法を調べ、評価指標をつくって、電話の本数の予測までつくったわけです。

新しい挑戦のチャンスはあなたの都合に関係なくやってくる

もし今、同じ仕事をやったら、もっと効率的に、効果的にできる自信がありま す。ただ、あのときあの仕事をしなかったら、今の自分もなかったでしょう。

なにかに挑戦するときに、早いも遅いもありません。若いからできることもあるかもしれませんが、若いから大変なことだっていっぱいあります。

状況が整ってから新しい挑戦の話が来たら最高です。でも、そんなに世の中、自分の都合どおりにできていません。**自分の都合で考えるのではなく、来たものに合わせて、自分を変えていくしかないのです。**

人の価値は、どんな生き方をしたかで決まるのではないでしょうか。

「若いからできない」「歳をとったからできない」

「お金がないからできない」「経験がないからできない」

なんて言い訳ばかりしていると、チャンスをスルーしてしまいます。**できないことに挑戦して形にする人生、そのほうがずっと価値があるじゃないですか。**

人生、長さよりも中身。かっこいい中身を詰めていきましょう。

POINT

どんな年齢でも、できないことに挑戦する

先が見えないからこそ人生はおもしろい

未来予想なんて当たらないなんていう話をしましたが、先が見えない人生、一体なにを指針に生きていけばいいのでしょうか。

自分の軸を持つこと、それはみんなが言う通り大事なのはわかっている。だけど実際どういうふうに持てばいいのかわからない……。消えない将来の不安を、誰か消してくれないものだろうか……。

多少なりともあなたがそんなふうに考えているとしたら、まったく違う見方をしたほうが、人生はおもしろくなります。

人生なんて、ゲームをやっているようなものです。

たとえば、すべての結論が見えているゲーム、やりたいですか？　ストーリーも知っている、どこが感動ポイントなのかも知っている、現れる敵も知っているし、その弱点まで知っている。

こんなゲームやりたいと思わないですよね。障害があるからおもしろいし、先が見えないからおもしろいのがゲームなのです。

ちょっとはその障害に感謝してみてもいいんじゃないですか。

たとえば、ノコノコもクリボーも出てこないスーパーマリオブラザーズをやりたいと思いますか。山も谷もなく、ただひたすら画面の右側に向かうだけのゲーム。絶対つまらないですよね。

「ノコノコ」「クリボー」なんて呼び捨てしちゃだめです。ノコノコ様、クリボー様です。彼らがいてくださるから、ゲームがおもしろいわけです。

ゲームと一緒で、先が見えて、障害もない人生はつまらないものです。ただの人生消化ゲーム。時間が過ぎるばかりで決まっていることしか起きなかったとしたら、そんな人生を過ごしたいと思いません。自分は40代でハゲることが決まっているとか、そんなことがわかったらイヤですよね。

未来なんて決まっていないのです。今の自分の努力でどうにでもなります。

とは言え、どうしようもなくつらいときもあるでしょう。そんなときは原点ではなく「目的」に戻りましょう。

なんのために、がんばっているのか。

可能性を証明するため？　人生の楽しさを知るため？　人によろこばれる自分でいるため？

なんでもいいのです。自分の人生の目的、軸を大切にしてください。そんなに恰好いいことじゃなくてもいいのです。「とにかくモテたい」でも構いません。

そもそもの目的に戻れば、柔軟に人生を楽しむことができるのです。

人生は先が見えないからおもしろい。未来なんて、自分で決めてつくればいい。人の可能性は無限大なんだから、あなたの可能性だって無限大なのです。

POINT／

人生に悩んだら「目的」に立ち返る

おわりに

動き続ける人間は、いつまでも腐らない

冒頭で本書制作のきっかけをお伝えしましたが、じつはどうしてもこのテーマを書きたい、もう1つの理由がありました。

「真実と向き合い、強い日本人が増えてほしい」という想いです。

平成の30年間は「失われた30年」とよばれています。その原因こそ、「真実と向き合わなかったから」に他なりません。

好きなことや、自由に憧れて努力しなくなった日本人。立派そうなことは言っていても自分の意見ではなく、だれかの借り物の言葉でしか語れなくなった日本人。努力から逃避し、楽することばかりに目を向ける日本人。

これでは年号が令和に変わっても、強い日本にはなりません。新型コロナが収

束したあと、世界を牽引《けんいん》する日本になってほしい。そのために、今いちばん向き合わなければならないことは能力アップでしょう。

やる気は大事です。当然、ワクワクしたほうがいい。でも、能力が上がらない限り、それは残念ながら叶いません。夢想です。

私が2020年一番影響を受けたのは神谷悟先生です。30年以上人事コンサルタントとして活躍し、だれもが知っている大手企業の人事コンサルタントを一手に引き受けている驚異的な方です。先生がおこなっている人材アセスメントコースを受講し、やる気だけではない、現実的に力をつけるために必要なことを学ばせていただきました（ご興味がある方はぜひ、「一般社団法人ジャパンスピーカーズビジネスカレッジ」の人材アセスメントコースをご覧になってください）。

その上で、僕はこう思います、**日本は「現実的」に力をつけないといけない時期に入った。その現実的に力をつけるために、本書を役立ててほしい、**と。

あらためて、最後までお付き合いいただき、ありがとうございます。

「好きを仕事にしたい」とタイトルに惹かれた方には、本書が「好きを仕事にしようなんてバカげている！」と始まるのに面食らった方もいるかもしれません。

ただ、最後だからこそ本音でお伝えしたいのは、「長い人生、どこかで好きを仕事にしてほしい」ということです。

物事には順番があるのです。料理と一緒です。洗って、切って、焼くから食べられます。焼いて、切って、洗った料理は食えたものではありません。

「好きなことからスタートしよう」という考え方は、食えない料理みたいなもの。

それより先に下拵《したごしら》えが必要です。その下拵えこそ、あなたの能力アップです。能力を上げるために休んでいてはいけないのです。

動き続けよう！

向上し続けよう！

自分史上最高を更新し続けよう！

止まる水は腐ります。人間も一緒で、止まっていたら腐ります。そして水は下に流れます。人間も意識しないと、下に、下に流されていきます。腐りたくなかったら、動き続け、挑戦し続けないといけないのです。

大変だと思いますか？　そう、大変なんです。だって大きく変わる必要があるんだから。でも、**大変だから大きく変われるんです。一緒に変わりましょう。**

最後になりますが、本書の企画からご指導いただいた小寺編集長。心より感謝申し上げます。また編集作業を受け持ってくださった澤さん、本当にありがとうございました。また本書でご紹介させていただいた、著者の先生方、経営者の皆様方、お名前をお借りしていることに心から感謝申し上げます。

さあ、動き出そう！

私からあなたに大事な言葉を贈って終わります。

流水不腐《りゅうすいくさらず》、戸枢不螻《こすうろうせず》――『呂氏春秋』より
（つねに活動している者は、停滞したり、腐ることはない）

岡崎かつひろ

【主な参考文献】

『営業の魔法』（中村信仁／ビーコミュニケーションズ）
『改訂版 金持ち父さんのキャッシュフロー・クワドラント』（ロバート・キヨサキ：著、白根美保子：翻訳／筑摩書房）
『改訂版 金持ち父さん 貧乏父さん』（ロバート・キヨサキ：著、白根美保子：翻訳／筑摩書房）
『嫌われる勇気』（岸見一郎、古賀史健／ダイヤモンド社）
『人望が集まる人の考え方』（レス・ギブリン：著、弓場隆：翻訳／ディスカヴァー・トゥエンティワン）
『コミュニティをつくって、自由に生きるという提案』（マツダミヒロ ／きずな出版）
『自分で決める。』（権藤優希／きずな出版）
『正義の教室 善く生きるための哲学入門』（飲茶／ダイヤモンド社）
『世界一ワクワクするリーダーの教科書』（大嶋啓介／きずな出版）
『伝え方が9割』（佐々木圭一／ダイヤモンド社）
『何もなかったわたしがイチから身につけた 稼げる技術』（和田裕美 著／ダイヤモンド社）
『ニュータイプの時代』（山口周／ダイヤモンド社）
『僕は君たちに武器を配りたい』（瀧本哲史／講談社）
『やらせない、教えない、無理強いしない 天才キッズクラブ式 最高の教育』（田中孝太郎／きずな出版）
『夢・ありがとう』（杉浦誠司／サンマーク出版）
『リッチウーマン』（キム・キヨサキ：著、白根美保子：翻訳／筑摩書房）
『WHYから始めよ！』（サイモン・シネック：著、栗木さつき：翻訳／日本経済新聞出版）
『3分以内に話はまとめなさい』（高井伸夫／かんき出版）

著者プロフィール

岡崎かつひろ（おかざき・かつひろ）

株式会社XYZ代表取締役。研修講師、人事コンサルタント、一般社団法人ジャパンスピーカーズビジネスカレッジ認定講師。「すべての人の最大限の可能性に貢献すること」を理念に、講演活動を開始。累計動員人数は10万人を超える。埼玉県坂戸市生まれ。ソフトバンクBB株式会社入社後、4年で独立。ダイニングバー「SHINBASHI」（2020年1月に売却）は、連日の行列となり、メディアにも取り上げられる。有限会社志縁塾が主催する日本最大級の講師イベント「全国講師オーディション2015」決勝進出。2017年の処女作『自分を安売りするのは”いますぐ”やめなさい。』（きずな出版）は発売前に3度の重版がかかり、「王さまのブランチ」や「モーニングサテライト」などのテレビ番組でも紹介されベストセラーに。2021年現在では6冊の書籍を出版している。業種を問わず、どこに行っても通用する一流のビジネスパーソンの育成をテーマに、パーソナルモチベーターとしても活躍。多くの若者のメンターでもある注目の起業家である。

岡崎かつひろ
公式YouTubeチャンネル
https://www.youtube.com/channel/UCGk8kSUiSQpfR3OR7Zrwfxg/

岡崎かつひろ公式LINE
@caj5048n

“好き”を仕事にできる人の本当の考え方

2021年3月1日　第1刷発行

著　者　　岡崎かつひろ

発行者　　櫻井秀勲
発行所　　きずな出版
東京都新宿区白銀町1-13　〒162-0816
電話03-3260-0391　振替00160-2-633551
https://www.kizuna-pub.jp/

印刷・製本　モリモト印刷

ISBN978-4-86663-136-3

きずな出版